Ralph Koopmann

So kann man sich
auch sehen

Ralph Koopmann

So kann man sich auch sehen

Gedichte

LANGENMÜLLER

Thomas-Wimmer-Ring 11, 80539 München
info@langenmueller.de

Umschlaggestaltung: Sibylle Schug
Umschlagmotiv: © Gabriele Koopmann
Satz, Druck und Binden: Graphische Betriebe Staats GmbH, Lippstadt
Printed in Germany
ISBN: 978-3-7844-3737-8
www.langenmueller.de

Geleitwort von Michael Petersson

Ralph Koopmann hat das Leben geliebt und das Leben hat ihn zurück geliebt. Es hat ihn beschenkt und sein Füllhorn über ihn ausgeschüttet.
Er war ein Mann der entschlossenen Tatkraft und zugleich ein Mensch von feinsinniger Reflexion. Ein visionärer Unternehmer und darüber hinaus ein gewitzter Poet.
Das findet sich eher selten.
Seine Augen erblickten, was andere nicht sehen. Diese ihm ganz eigenen Blickachsen erzeugten seinen unternehmerischen Erfolg und gebaren Gedichte ungewöhnlichster Perspektiven, voller Humor und Sprachwitz.
Er öffnete seine Augen und die verrückten Dinge sahen ihn an. Die wirbelnde Flut der Bilder durchströmt den aufgeweckten, frohgemuten, aufgeschlossenen, humorvollen, einnehmend charmanten und leicht schrägen Geist und erzeugt Gedanken und Gedichte.
Alles wird gesammelt – immer und überall.
Es entsteht über Jahre eine Loseblattsammlung, die nach ihrer Form sucht.
Es brauchte ein Buch – und eben dieses halten Sie nun in Ihrer Hand.

Vorwort

Mögen Sie Gedichte – mögen Sie Vermenschlichtes?
Wenn wir unsere Augen schließen und an ihn denken, sehen wir einen lebenshungrigen, unermüdlichen Mann, dessen wache Augen gleich Glühbirnen der Neugier alles beleuchten. Ein sensibel-humoriger Poet mit seinen ganz eigenen Perspektiven. Seine Augen erblicken, was andere nicht sehen.

Ralph Koopmann schreibt mit lustig pochendem Herzen, und mit dem Herzen werden seine Gedichte gelesen:

„Und Du liest jetzt das Gedicht
und es schaut Dir ins Gesicht
und Du hast es nicht gefragt.
ob es dem Gedicht behagt,
dich so nah vor sich zu sehen,
doch nun ist es schon geschehen.
Darum lese ruhig weiter,
denn es wird noch manchmal heiter.“

Ralph Koopmann war ein erfolgreicher Selfmade-Unternehmer von Rang – ausgezeichnet mit dem deutschen Unternehmerpreis. 1969 gründete er mit seiner Frau Gabriele eine visionäre Firma – er entwickelte und produzierte Haft-Etiketten, Folien und Hologramm-Aufkleber in aller Vielfalt. Ob für Wiener Würstchen oder Fluggepäck, für die Formel 1 oder die intelligente Logistik und Distribution. Immer etwas seiner Zeit voraus.

Gibt es in unserer Welt irgendetwas ohne Etikett?
Als er die Firma losließ, hatte sie 1400 Mitarbeiter. Aus seiner Idee wurde heute eine Weltfirma mit über 3000 Angestellten. Er brauchte sich nicht zu beweisen. Seine Lebensleistung spricht für sich selbst – sie ist sozusagen ein unternehmerisches Gedicht.
Er war ein aufmerksamer, feinsinniger Menschenbeobachter. Jedes Jahr, auf den Hunderttausenden von Kilometern zu seinen Kunden, im Karussell all dieser Begegnungen, sammeln sich lose Ideen, springen auf das Karussell in wilder Fahrt und fliegen alsbald hin zu geformter Poesie. Seine Gedichte sind ein Reigentanz seiner unaufhörlichen Gedanken und Er-findungskunst seiner Gedanken. Wie diese Gedankenflut bei 160 km/h festhalten? Er nahm einfach einen Stift, der herumlag. Er nahm einfach einen Zettel Papier, den er fand. Später lag immer ein Notizblock auf dem Beifahrersitz seines Autos. Wenn ein Gedicht in seinem Kopf erblühte, hielt er an und machte Notizen. Oder er kritzelte und steuerte gleichzeitig. Der große Unternehmer war zum kleinen Poeten geworden. Er war zwei Menschen. Es rumorte in ihm – er suchte keinen Ruhm. Er suchte nur eine lächelnde Karosserie für seine Gedanken. Jedes seiner Gedichte ist ein echter, erlebter Koopmann.

Es können Edelsteine oder Kiesel sein. Sie können funkeln oder wehtun. Durs Grünbein, ein großer deutscher Dichter, näherte sich dem Rätsel der Entstehung eines Gedichtes. Im „SZ-Magazin“-Interview erklärte er es einmal so: „Wer das wüsste! Es geschieht permanent und meistens ungewollt, unterwegs. Ich warte auf den Zug, plötzlich sind da zwei Zeilen, und die lassen mich nicht mehr los (...) In solchen Momenten entsteht ein Gedicht. Das kann auch mitten in einer Unterhaltung sein. Auf einmal bin ich woanders und versuche, höflich den Schein zu wahren (...)

Mit den Gedichten bist du auf einer Expedition ins Unbekannte, du kannst dich verirren, und keiner folgt deinen einsamen Wanderwegen (...)
Von Anfang an war das Gedichte-Schreiben eine Auszeit für den einzelnen. Es beruht auf Vereinzelung (...) In Wahrheit ist er [der Dichter] der Clown, der nirgendwo wirklich hingehört." So stelle ich mir das bei Ralph Koopmann vor. Unser Poet von Sylt schrieb jeden Tag – und das fast zwanzig Jahre lang. Es war sein Lebenshobby, sein Liebstes, sein Größtes. Er kritzelte Ideen auf alte Briefumschläge oder neue Tempotaschentücher. Später setzte er sich vor seinen Computer und tippte seine Gedanken auf eine reine, weiße Bildschirmseite – und dann druckte er das Gedicht aus. Es war immer eine kleine Geburt. Diese Seiten lagen überall. Es wurden Hunderte. Sie waren wie Schnee, der nie schmolz. Ein Gedicht fühlt im Jetzt. Ein Gedicht altert nicht. Es hetzt nicht. Es liegt vor uns wie ein Kieselstein am Strand in der Brandung des Lebens. Das Leben formt das Gedicht.

Als Ralph 2022 für immer die Augen schloss, war die Welt im Corona-Lockdown. Zur Trauerfeier, bezeichnenderweise im Literaturhauscafé in Hamburg, versammelte sich daher nur der engste Freundeskreis von vielleicht fünfzig Vertrauten. Ohne die Lockdown-Beschränkungen hätte man in Hamburg schon die Fischauktionshalle mieten müssen, um einen angemessenen Rahmen zu bieten für seine vielen Freunde der „Hamburger Nächte" und die Weggefährten eines sehr bewegten Lebens.
Seine Witwe Gabriele legte zur intimen Trauerfeier fünfzig kleine Gedichtbände hin, die die „Graphischen Betriebe STAATS" in kleiner Auflage zum Andenken gedruckt hatten. Als die Trauerfeier schloss, waren alle Bücher weg. Jeder trauernde Freund hatte seinen „Koopmann to go" zum Abschied mit nach Hause genommen.
Ein Vademecum der Freundschaft – ein ewiger Begleiter.

Die letzte Ruhe seines unermüdlichen Hauptes fand Ralph wie gewünscht auf seinem geliebten Sylt. Es war nur eine kleine Beisetzung auf dem Keitumer Friedhof; fünf oder sechs treue Weggefährten und seine Frau Gabriele.

Jetzt gibt es einen neuen „Koopmann". Sein alter Freund Michael Fleissner hat dieses kleine große Buch verlegt als Erinnerung an einen großen Freund.
Ralph ist nicht mehr da, aber er ist auch nicht weg.
Ralph Koopmann lebt in seinen Gedichten. Er lächelt uns noch immer an in seinen Gedichten.

Gabriele Koopmann, im Januar 2025

Auch mal bedenken

Und Du liest jetzt das Gedicht
und es schaut Dir ins Gesicht
und Du hast es nicht gefragt,
ob es dem Gedicht behagt,
dich so nah vor sich zu sehen,
doch nun ist es schon geschehen.
Darum lese ruhig weiter,
denn es wird noch manchmal heiter.

Empfindlicher Nachwuchs

Der Waschbär und der Camembert
besahen sich den Knaben,
jetzt hilft wohl auch kein Jammern mehr,
sie wollten Kinder haben.

Und was da in dem Bettchen lag,
so buttergelb und rund,
mit einem kleinen Damenbart,
schien nicht so ganz gesund.

Lag es an Vaters Hang zum Putzen
oder an Mutters zarter Haut,
jetzt hat der Kleine einen Schnupfen
und ist ganz käsig, wenn er schaut.

So war es früher

Klärchen war mit schlanker Taille
ausgezogen in die Welt,
bisher gab es nur Emaille,
Schafe, Kühe, grünes Feld.

Klärchen stieg mit runden Hüften
mutig aus der Vorortsbahn,
schnupperte an fremden Düften,
kannte bisher Baldrian.

Klärchen stand mit vollen Brüsten
vor dem Bahnhof im Verkehr,
ich sah sie mit leichten Lüsten,
ging ihr eiligst hinterher.

Klärchen stand mit strammen Waden
vor mir auf dem Trottoir,
hat den Rucksack abgeladen,
war ganz einfach wunderbar.

Klärchen saß mit roten Wangen
neben mir im Blumenbeet,
atte ihren Blick, den bangen,
weg zum Apfelbaum gedreht.

Klärchen lag mit feuchtem Munde
über mir und auch der Mond,
beide hatten dieses Runde,
ach, es hat sich so gelohnt.

Ein Suppenleben

Nachts sind alle Suppen grau,
morgens eher etwas blass,
wissen sie doch ganz genau,
Suppenleben ist kein Spaß.

Manche Suppe weiß noch nicht,
dass sie eine ist,
wenn sie klein und schlicht
in der Tüte sitzt.

Suppen sprechen nicht,
höchstens einmal blubb,
kräuseln das Gesicht,
locken mit Geruch.

Suppen sperrt man ein,
schlafen meist im Topf,
auf Haxe oder Bein,
mit Knödel oder Zopf.

Manche Suppe hat
Augen wie ein Freund,
einmal schaut sie matt,
nächstes Mal verträumt.

Suppen leben schlicht,
werden niemals alt,
waren Leibgericht,
enden heiß und kalt.

Tropfenleben

Tropfen brauchen keine Beine,
rutschen lieber auf dem Po.
Mal als Große, mal als Kleine,
sind sie meistens schadenfroh.
Liegen klebrig auf der Decke
oder spritzen einfach nass,
werden gern zum bunten Flecke,
wollen immer ihren Spaß.

Tropfen haben keine Flügel,
stürzen geradewegs zu Tal,
einigen wird dabei übel,
spüren manche Höllenqual.
Andere gewitzt und schlauer
fliegen sicher Hand in Hand.
So vereint als Regenschauer
platscht man fröhlich in den Sand.

Tropfen haben viele Namen,
heißen Bier oder auch Wein,
als Parfüm beliebt bei Damen,
doch als Dieselöl gemein.
Kleben zuckersüß als Honig
oder braun als Bratensaft,
spritzen aufgeregt im Tonig,
sind als Grießbrei abgeschlafft.

Tropfen haben viele Brüder,
überall auf dieser Welt,
meistens fliegen sie nur über
uns in Wolken angestellt
oder schwimmen in den Meeren,
schwappen müde im Klistier,
solltest sie viel mehr verehren,
mancher Tropfen ist von dir.

Ahnungsloser Ganter

Die Gänsefeder sprach beklommen,
grad unterm Kropf des Gänserichs,
wird Weihnachten bald wieder kommen
und dieser Ganter weiß von nichts.
Fraß Hafer, dass die Haut sich spannte
und schnatterte das Altbekannte.

Die Gänsefeder zählte Tage,
der Gänserich sah in den Trog,
wie ausweglos war ihre Lage,
der Gänsehals sich kräftig bog
und fraß das letzte Körnchen Mais,
da kam die Bäuerin ganz leis'.

Die Gänsefeder sah die Hände
der Bäuerin grad über sich,
ein Gänseleben ging zuende,
entstanden war sehr weihnachtlich,
ein echter deutscher Gänsebraten,
man saß bei Tisch voller Erwarten.

Die Gänsefeder war vor Stunden,
mit flinker Hand vom Hals gerupft,
sie hat ein neues Heim gefunden,
der Bettbezug ist rot getupft.
Hier liegt sie ohne Gänserich,
für sich allein verantwortlich.

Schwache Phase (ein Lied)

Mein Mut hat mich verlassen,
als er dich gestern sah
und hat mich hinterlassen,
so mutlos wie ich war.

Mein Mut hat mich verlassen,
warum denn nur bei dir,
ich war zuerst gelassen,
doch dann entschwand er mir.

Mein Mut hat mich verlassen,
ich frag mich wo er ist,
soll ich ihn deshalb hassen,
er ist so wie er ist.

Refrain
Lebt wohl ihr schönen Frauen,
ich ziehe mich zurück.
Wie soll ich mir noch trauen,
im richt'gen Augenblick.

Mein Mut hat mich verlassen,
du hast so viel davon,
kannst du mir etwas lassen,
mir hilft ein bisschen schon.

Mein Mut wird wiederkommen,
vielleicht nicht mehr bei dir,
hatte sich übernommen,
ich leide jetzt dafür.

Mein Mut wird wiederkommen,
ich spüre ihn schon leicht,
wird sicher eine kommen,
für die er einmal reicht.

Refrain
Lebt wohl ihr schönen Frauen
ich brauche etwas Zeit,
mir wächst das Selbstvertrauen,
Ich wünsch es mir – bis bald

Die Hoffnung stirbt nicht

Ist's auch das Letzte was ich gebe,
so möge es dir gut bekommen,
ich weiß, so lange ich noch lebe,
wird es noch einmal wiederkommen,
gewiss nicht so, wie ich's dir gab,
du hast es dann schon aufgegessen,
doch wenn ich dich dann wieder hab,
ist alles andere vergessen.

Männeremanzipation

Mein Mann will nicht mehr an der Leine gehen,
seit letztem Donnerstag,
er hat sich unter seinesgleichen umgesehen,
wie er mir sagt.
Nur habe ich ihn schon mit einer Leine übernommen,
aus seinem Elternzwinger
und sie ist ihm doch jahrelang so gut bekommen,
mal kürzer und mal länger.

Mein Mann will nicht mehr an der Leine gehen,
er hat sich losgerissen,
man hat ihn schon mit anderen im Park gesehen,
ich werde ihn vermissen.
Sein Vater meinte tröstend, er wird wiederkommen,
in ein paar Tagen,
doch was hat er schon alles angenommen
und stellt mir Fragen.

Mein Mann will nicht mehr an der Leine gehen,
er läuft jetzt ohne,
den Rest des Lebens werde ich dann wohl alleine stehen,
mit meinem Sohne.
Ihn halte ich nun fest in meiner Wohnung,
bis er mal groß ist,
dann trägt er Vaters Leine zur Belohnung
und weiß was los ist.

Unerkannte Gefühle

Ja, manchmal fühlt man sich
wie Zucker an der Wand,
man ist so weiß und süß
und bleibt doch unerkannt.

Dann wieder fühlt man sich,
wie Rindfleisch im Salat,
man hatte mal Gewicht
und war mal groß und stark.

Ein andermal ist einem,
wie Roggen im Schwarzbrot,
man möchte gern noch keimen,
und ist schon mausetot.

Das Leben könnte so einfach sein

Ach wäre ich
Hermaphrodit,
ich müsste nicht
schon wieder mit,
auf diese Jagd
nach neuem Glück,
ich bliebe matt
etwas zurück,
genösse still
ein Gläschen Wein,
tät was ich will
mit mir allein.

Ach wäre ich
Hermaphrodit,
befruchtete
ich einfach mich,
wann immer
und grad wie ich will,
mal schlimmer
und mal einfach still.

Ach wäre ich
Hermaphrodit,
ich brächte
meine Brüder mit,
wir wären alle,
alle gleich,
sehr fruchtbar und
so butterweich.

Ohne Papier geht gar nichts

Papier soll geduldig sein,
sehr dünn und auch faserfein,
schwarz oder bunt bedruckt,
seitenlang abgeguckt,
irgendwann abgelegt,
jahrelang nicht bewegt.

Papier soll sehr ehrlich sein,
geldwert als bunter Schein,
fröhlich als Bilderbuch,
hilfreich als Taschentuch,
manchmal mit Saft befüllt,
endlich zusammengeknüllt.

Papier kann unschuldig sein,
berichtet von Kinderlein,
ruft dich zur Spende auf,
bestätigt dir deinen Kauf
wickelt Pralinen ein,
lässt dich auch nie allein.

Papier kann auch böse sein,
teuer als gelber Schein
ärgerlich vor Gericht,
nennt dich gar Bösewicht
will deine Wünsche nicht.
oder wie hier als Gedicht.

Kaufhaus-Liebe

Ich sah ihre Hand am Käsestand,
wie sie den Appenzeller fand,
und wie sie dann entgegen kam
und mir die drei Mark zwanzig nahm.

Zwei Stunden später griff ich sie,
sie ging durch die Parfümerie
und mit ihr dieser zarte Hauch,
von Schweizer Käse und Schnittlauch.

Die Hand ging mir zur Hand
und zog mit mir aufs Land,
mal strich sie mir den weißen Hals,
mal auf die Brote Griebenschmalz.

Und in der frischen Luft
verlor sie ihren Duft,
roch nun nach Rosmarin
und lag mir auf den Knien.

Die Zeit ging ihrer Wege,
die Hand fuhr meist zur Stadt,
sortierte dann Belege,
strich nur noch kühl und matt.

Und eines Tages nach dem Lacken,
begann sie mit dem Kofferpacken,
am Zaune sah ich sie noch winken,
nicht mit der Rechten, mit der Linken.

Die nächste Generation

Ich bin der Sohn vom Dracula,
nehm alle die Termine wahr,
geh ständig kondolieren,
wenn Papa wieder hungrig war.

Durch eine böse Mutation
bin ich, des alten Dracus Sohn,
stark aus der Art geschlagen,
schon seit den frühesten Tagen.

Mein Papa grämt sich fürchterlich,
so wuchsen mir die Zähne nicht,
auch wollte Blut nicht schmecken,
statt beißen wollt' ich lecken.

So steh ich vor der Eisfabrik,
den Hälsen schenk ich keinen Blick,
ich warte auf den Wäschewagen,
in dem immer die Schürzen lagen.

Und ist der Fahrer guter Laune
darf ich allein im Kofferraume,
die Schürzen mit den Erdbeerflecken,
mit höchster Wonne sauber lecken.

Und meine Freundin Gisela
mit ihrem kurzen blonden Haar,
schmiert sich den Hals mit Honig ein,
dann kann ich mal wie Papa sein,
ich lecke hoch bis zur Frisur,
es tut nicht weh, es kitzelt nur.

Sehr Hellsichtiges

Bei dem Versuch aus meiner Hand zu lesen,
was alles war und wieder nicht gewesen,
erkannte sie schon nach Sekunden,
die Lebenslinie war verschwunden.

Nach kurzem Grübeln hörte ich sie sagen,
durch vieles Kaufen und so schweres Tragen,
war schon Ersatz entstanden,
die Konsumlinie war vorhanden.

Und nun erkannte sie aus meiner Hand,
den Audi und die Bücherwand,
den Kühlschrank und das Zweimannzelt,
sie wusste selbst das Wechselgeld.

Doch auch die Konsumlinie ging zu Ende,
hoch lagen über mir die Bände,
sie wollte es erst gar nicht sagen,
Versandhauskataloge werden mich erschlagen.

Männerleben Phase zwei

Ach, das Alter schleicht sich leise
wie ein Panther in den Leib,
du, der dir ein Altbekannter,
siehst ihn nur bei deinem Weib.

Doch er liegt auch dir seit Jahren
auf dem Bauch und im Gesicht,
musst ihn immer weiter tragen,
gibt dir immer mehr Gewicht.

Manchmal zeigt er auch die Krallen,
nach besonders langer Nacht,
bist der Älteste von allen,
hast ihn nicht mehr angelacht.

Und so kommen dann die Tage,
mit dem Panther müd' und grau,
nur noch in der Rückenlage,
neben dir die muntere Frau.

Immer noch kindisch

Auf meinem Meer von Wünschen schwappt ganz oben,
der Wunsch nach einer Kissenschlacht, zu toben,
wie damals in der ersten Nacht,
du warst gerade eben acht
und ich bin heute einundsechzig,
die Kissen liegen beide prächtig;
doch wo bist du, jetzt neunundfünfzig,
willst deine Ruh und bist vernünftig?
Nein du spielst gerade Hinkefuß
und schreibst mir einen bunten Gruß.

Jugendliche Erfahrungen

Bevor der Tag sich rötlich neigte
gestand ich ihr, ich liebe dich
und wie es sich mal wieder zeigte,
seit mittags liebte sie auch mich.

Und als des Mondes gelbe Scheibe
im Aug' ihr stand als gold'ner Stern,
da dachte ich, mit diesem Weibe,
erlebst du auch den Morgen gern.

Und als der Morgen schien ins Zimmer,
lag ich in ihrem blonden Haar,
ich wünschte mir, so läg ich immer,
zumindest aber für ein Jahr.

Dann kam der Mittag durch die Lüfte,
mit Bratenduft vom Nachbargrill,
ihr Auge mich sehr kritisch prüfte
und die Gedanken wurden still.

Und nach Minuten oder Stunden
sprach sie zu mir aus meinen Kissen,
sie sei seit Jahren schon gebunden
und wollte es nur einmal wissen.

Bevor der Tag sich rötlich neigte,
gestand ich mir, so willst du's nicht
und wie es sich mal wieder zeigte,
blies man mich aus, wie Kerzenlicht.

Und als des Mondes gelbe Scheibe
zu mir ins Bette schien,
roch es noch zart nach diesem Weibe,
so zwischen Rose und Jasmin.

Der Rückblick auf das Leben

Die Zeit räumt die Gedanken auf,
so manche Hoffnung starb beizeiten,
je länger schon dein Lebenslauf,
je weniger wird dich begleiten,
von dem was einmal wichtig war.

Die Zeit zeigt Wahrheit im Gesicht,
aus deinen Augen blickt dein Herz,
denn wer du bist versteckt sich nicht,
ob glücklich oder voller Schmerz,
es ist noch alles da.

Die Zeit gibt deinem Wort Gehalt,
du könntest aus Erfahrung sprechen,
mal zeigst du dich mit Wortgewalt,
mal gibst du leise ein Versprechen,
mal sagst du flüsternd ja.

Die Zeit zeigt dir was Treue ist,
denn deine wahren Freunde gehen nimmer,
und wenn du machen doch vermisst,
Erinnerungen bleiben immer,
Dir über das was einmal war.

Die Zeit, die dir gegeben ist
dein langes Leben zu bedenken
wen du noch hast, wen du vermisst
du konntest es zum Teil lenken
sei froh, Du bist noch da.

Späte Erkenntnis

Ich bin das Ende einer Nahrungskette
und mein Filet bleibt ungewürzt,
kein Knochen wird von mein'm Skelette
für eine Suppe abgekürzt.

Es wird kein Bolzenschuss mich niederstrecken
oder ein Fleischwolf meinen Rumpf zerteilen,
kein Mund wird mich genüsslich schmecken,
kein Zahnstocher in mir verweilen.

Doch die, die mir zur Nahrung dienen,
sterben perfekt durch Menschenhand,
ob Milchkuh oder Ölsardinen,
sie leben nicht ein Leben lang.

Sie leben nur bis zu dem Tage,
an dem die Nachfrage sie einholt,
sie enden alle auf der Waage,
mal fein zerlegt, mal aufgerollt.

Ich bin das Ende einer Nahrungskette,
verdaue ruhig, wie's mir behagt,
mein einziger Feind sitzt mir im Fette,
es lauert schon der Herzinfarkt.

Wer vermutet das?

Das weiche Ei und ich
saßen am Frühstückstisch,
wir kannten uns noch nicht,
doch waren beide frisch.

Da nahm das Ei mein Messer,
halbierte meinen Kopf,
es war ein Menschenfresser,
man fand den leeren Schopf.

Solche Männer soll es geben

Mach mal „ei“ zum Onkel Franz,
zeig mal wie du lachen kannst,
vielleicht schon in ein paar Wochen
wird die Mama drei bekochen.
Doch nach dieser einen Nacht,
hat er sich davon gemacht.

Sei schön lieb zum Onkel Heinz,
zeig ihm, dass du niemals weinst,
Mama geht jetzt Hemden waschen
und von den Pralinen naschen,
hatte danach Zeit zum Grübeln,
konnte eine besser bügeln.

Mach ein’ Knicks zum Onkel Karl,
sage danke zu dem Schal,
Mama geht Rouladen drehen,
will den neuen Wagen sehen,
Onkel Karl blieb dreizehn Stunden,
hat nicht mehr zurück gefunden.

Sprich doch mal mit Onkel Jan,
rücke etwas näher ran,
Mama macht das Treppenhaus,
ist um neun wieder zu Haus’.
Onkel Jan ist’s gut bekommen,
hat die Tochter mitgenommen.

Golfclub-Leben

Am neunten Loch,
kurz vor dem Grün,
drückt er sie doch,
von hinten kühn,
in ihrem Kilt
an sein Flanell,
sie lächelt mild,
er atmet schnell,
sein schmaler Mund
reibt ihre Hand,
er reichlich rund,
sie wasserhell,
und drum herum gepflegter Strauch,
mit diesem Hauch von Exklusivität.

Am zehnten Loch,
er schon voraus,
sie puttet noch,
spricht er es aus,
„er liebe sie“,
sie blickt ins Blau,
„so stark wie nie“,
sie ist ganz Frau,
er Fabrikant
und sie verschlägt,
hat es erkannt,
sie ist bewegt,
und drum herum gepflegter Strauch,
mit diesem Hauch von Exklusivität.

Am elften Loch,
sie Hand in Hand,
ergriffen noch,
steht seine Frau,
er macht bekannt,
sie weiß genau.
er lacht charmant,
und drum herum gepflegter Strauch,
mit diesem Hauch von Exklusivität.

Nicht jede Veranlagung ist nützlich

Die hier kurz genannte Dame,
nicht verschwägert, noch verwandt,
ach, wie war denn noch ihr Name,
hatte sie sehr gut gekannt.

Teilte nicht nur die U-Bahn,
auch die Seife noch mit ihr,
bis der andere hinzu kam,
lag dann auch bald neben ihr.

Und der kannte wieder einen,
dieser wollte nur, wenn auch
und so konnte man fast meinen
und so war es dann wohl auch.

Durch die ungeahnte Menge
und das zahlreiche Begehren,
so viel Männer in der Enge,
ließ man mich nicht mehr gewähren.

So verließ ich ohne Aufsehn
die, die mir allein gehörte,
sah noch weitere hinauf gehn,
ohne, dass es mich noch störte.

Ja und gestern in der U-Bahn
saß sie wieder ganz allein,
als ich vorsichtig hinzu kam,
sah ich ihren Krankenschein.

Hatte sich vielleicht erkältet
oder einen Hexenschuss,
manche Menschen überfällt es,
leben sie im Überfluss.

Etwas flüchtig

Das Morgenlicht
erschrak sie nicht,
sie lag entspannt,
die Beine lang,
die Hände schmal,
zum ersten Mal
so neben mir.

Das Bettzeug bunt,
ihr roter Mund,
das blonde Haar,
alles so nah,
lachte mich an
wie einen Mann,
den man wohl mag.

Warum wohl ich,
dem sie nicht wich,
mit dem sie sprach,
direkt und wach,
voll Offenheit
und Zärtlichkeit,
warum wohl ich?

Am Frühstückstisch
noch träumerisch,
die Wangen bleich,
der Blick so weich,
kein Wort zuviel,
noch ganz Gefühl
tranken wir Tee.

Als sie dann ging,
so ungeschminkt,
so wie sie war,
saß ich noch da
und dachte leis' -
wer sie wohl war
und wie sie heißt.

Die Musik macht es

Wenn du so mit der Bratsche bratscht,
dann komm ich sofort angelatscht
und mein Augen schauen stumm
um deinen schönen Kopf herum.

Wenn du so mit dem Baß bassierst,
dann ist es meist mit mir passiert,
mein Herz sich einen Seufzer gibt
und kräftig pumpt, es ist verliebt.

Wenn du so mit der Tuba tubst,
dann geb ich mir den letzten Schubs,
lass den Gefühlen freien Lauf
und tubs dich auch.

Wenn du so auf der Flöte flötst,
dann fühle ich mich losgelöst
und schwebe wie ein Schmetterling,
bis deine Flöte fröhlich klingt.

Wenn du so mit der Angel triest,
auch gleich an meinen Augen siehst,
ich bin schon auf dem Weg zu dir,
doch lass die Instrumente hier.

Hartes Männerschicksal

War der Versuch ihr zu gefallen
weit weniger als ein Erfolg,
so bin ich einzig unter allen,
der ständig ihren Rat befolgt,
doch nun mal schleunigst zu verschwinden,
und deshalb ständig auf der Flucht,
lass ich den linken Fuß verbinden,
der Rechte wird noch untersucht.

War der Versuch ihr zu gefallen,
auch diesmal wieder weit verfehlt,
so bin ich einzig unter allen,
der ständig seine Haare gelt,
der sich verkleidet wie im Märchen,
als Bär oder als Känguru,
nur davon träumt, mit dir als Pärchen
endlich zu finden seine Ruh.

War der Versuch ihr zu gefallen,
beim letzten Mal schon etwas besser,
so bin ich einzig unter allen,
der Tag für Tag noch etwas blässer
von diesem Wunsch getrieben wird,
warum hab ich mich so geirrt?

Vermutungen zur Wiedergeburt

Bleibt mein Geburtshaus ungeschmückt,
wenn ich dereinst in hundertfünfzig Jahren,
vielleicht als Mehlwurm bin zurück,
im Bäckerwagen werd' vorbeigefahren.

Es bleibt so sicher ungeschmückt,
wie mir als Mensch in meinem Leben,
nur weniges ganz gut geglückt
und wenn, dann musste es schon kleben.

Es bleibt auch deshalb ungeschmückt,
weil ich vom Anfang bis zum Ende,
so mehr als kleines Mittelstück,
nicht reichte zur Legende.

Und wäre es nun doch geschmückt,
es könnte nur der Zufall sein,
die Blumenfrau legt sich zurück,
ein Schaufenster voll Blümelein.

Wie es so ist

Manchmal siehst du gut aus
und manchmal wieder nicht,
manchmal hast 'nen Hut auf
und manchmal wieder nicht.
Manchmal auch mit Blumenstrauß
und dann mal wieder nicht,
doch hast du einen Blumenstrauß,
dann macht es wieder nichts,
siehst du mal nicht so gut aus,
sie sieht nicht dein Gesicht,
sie will nur deinen Blum'strauß
und manchmal wieder nicht,
und siehst du dann nicht gut aus,
dann musst du eben raus.

Bei der Beerenernte

Als sich nun Jedermann auf seiner Weise,
der eine hier, der andere in der Schneise,
durchs Strauchwerk trieb und Beeren pflückte,
sah ich, wie sie sich langsam bückte.
Ich säumte keinen Augenblick
und näherte mich mit Geschick.

Es fing mir an ein wenig schwül zu werden
und nebst manch anderen Beschwerden,
trieb mir das stete Auf und Nieder,
zum Schmerz auch Zweifel in die Glieder.
Sah sie doch stets nur in die Beeren,
es tat mir Herz und Sinn verheeren.

Mit ihren Blicken tat sie schrecklich rar,
war ich ihr doch seit Stunden immer nah,
zu guter letzt, mit höflicher Verbeugung,
die Lust in mir war reichlich abgekühlt,
kam ich hinlänglich zu der Überzeugung,
es hat ihr doch wohl an Geschmack gefehlt.

Gefühle

So neige ich mal zu,
dann neige ich mal ab
und hat die Neigung Ruh,
dann fühle ich ganz matt,
dass mir doch etwas fehlt.

Sehr gleichgültig

Ist's gerade wie es ist,
bist gerade wie du bist,
bleibe ich so wie ich bin,
nehmen wir es eben hin.

Seltenes Schicksal

Der Elefantenkleber klebte
entspannt am Elefantengras,
bis neben ihm die Erde bebte,
ein Elefant ihn wortlos fraß
und in dem Elefantenmagen,
umzingelt von Verdauungssäften,
noch voll von Elefantenkleberfragen,
war er am Ende mit den Kräften.

Zumindest einmal bedenken

Vielleicht sollte man beizeiten,
wider üblichem Verhalten,
gegen alle Konfessionen
mal mit sich alleine wohnen.

Manchem ist es nicht vergönnt,
wenn man so mit sich versöhnt,
langsam durch die Landschaft geht
und sich eine Locke dreht.

Hat man keine Frauen nicht,
meistens so bei Kerzenlicht,
schmerzt dann doch schon der Verzicht,
doch die Ruhe, ein Gedicht.

Diese Mode wird kommen

Sie trug ihr Achselhaar zu einem Zopf geflochten,
sehr ungewohnt für mich, als ich es sah,
doch da wir uns sehr leidenschaftlich mochten,
fand ich es schon nach Stunden annehmbar.

Am Ende ihres Zopfes hing die Spange,
der Grund, weshalb sie ihren ersten Mann verließ,
das Öffnen dauerte ihr meist zu lange,
es zeigte sich, dass ich wohl mehr Geschick bewies.

Auf meinen Einfluss ist es nun zurückzuführen,
sie trägt die Haare heute meist als Knoten,
wenn sie noch immer ohne jede Starallüren,
die Achseln zeigt und Färben ist verboten.

Im Freundeskreis hat manche Frau vergeblich,
das Haar an gleicher Stelle auffrisiert,
doch die Versuchen scheiterten meist kläglich
und haben uns ganz köstlich amüsiert.

In Köln ist immer etwas los

Im Katzenklo ist Karneval,
das Sägemehl spielt heut' verrückt,
nur Narrenkappen überall,
der Katzendreck steht leicht bedrückt,
im Hintergrund, Statisterie
und sieht erstaunt den Elfenrat,
besonders bunt, voll Phantasie
hereinmaschier'n, total vernarrt.
Ein Buchenspan steht in der Bütt
aus Kiefernholz und schreit „helau" ,
das Sägemehl brüllt wild zurück,
minutenlang und weiß genau,
wenn Kater Carlo in zwei Stunden
mal wieder eine Haufen macht,
dann hat das Fest ein End' gefunden,
so zwischen sieben und halb acht.

Tiergeschichten

Das Krokodil trägt eine Tasche
aus Menschenhaut am Handgelenk,
die Nase dienst als hübsche Lasche,
ist leicht nach unten abgesenkt.
Das Portemonnaie war mal die Hacke
von einer Reiseleiterin,
der kleine Zeh mit rotem Lacke,
liegt noch als Talisman darin.
Der Koffer kommt in ein paar Tagen,
der Mann starb ohne viel zu klagen.

Der Adler fliegt mit seinem Sohn,
vom Sturzflug in die Superacht,
am Tage können sie es schon,
nun üben sie es in der Nacht.
Der Kleine hängt an Vaters Flügel
und beißt den Schnabel fest zusammen,
ihm wird noch immer etwas übel,
der Wind kühlt seine vielen Schrammen,
auch fehlt ihm schon ein Stückchen Kralle,
sie streiften eine Mausefalle.

Das Zebra spielt mit seinen Streifen,
verknotet sie, dreht einen Zopf,
zählt sie mal ab, lässt sie lang schleifen
und bindet sie gar um den Kopf.
So läuft es mit verbundenen Augen,
zu seinem Freund, dem alten Löwen,
der wollte es zuerst nicht glauben,
und ließ sich alle Streifen geben.
Das Zebra wird im Freundeskreis gemieden,
so streifenlos ist es doch zu verschieden.

Der Mensch ist böse

Ich hab' so Mitleid mit Pommes Frites,
wenn sie im heißen Bad verschwinden
und schwitze immer etwas mit,
wie ist wohl ihr Befinden?

Kein Mensch hat Nudeln je gefragt,
ob weich gekocht oder gebraten,
sie hätten gern ihr Leid geklagt
und fühlen sich verraten.

Und Reis in Kochbeutel gesperrt,
verletzt die Genfer Konvention,
bisher hat sich kein Korn gewehrt,
doch kommt die Reisrevolution?

Warum versagt die Kirche hier,
das Rote Kreuz bleibt tatenlos
Berlin hat Moskau im Visier,
das Volk ist so gedankenlos.

Nun gut, auch Gandi war allein
und Albert Schweizer hat gekämpft,
in meinem Nudelschutzverein,
ist die Erwartung noch gedämpft

Lebensalternative

Der Mann, der auf dem Rücken liegt
und über sich den Himmel sieht,
den Wolken ein Gesicht entlockt,
ist weder müde, noch verstockt.

Der Mann, der auf dem Rücken liegt,
hat nicht verlor'n, ist nicht besiegt,
hat nur ein bisschen nachgedacht
und sich allein davon gemacht.

Der Mann, der auf dem Rücken liegt,
hat kein Streit, führt keinen Krieg,
ist weder reich, noch ist er arm,
spielt weder Räuber, noch Gendarm.

Der Mann, der auf dem Rücken liegt,
war einer, der nicht immer schwieg,
nahm seine freie Meinung mit,
bevor er unter Anderen litt.

Der Mann, der auf dem Rücken liegt
und aus dem grauen Alltag stieg,
lebt nicht mehr für den Kontostand,
ist bei der Auskunft unbekannt.

Der Mann, der auf dem Rücken liegt,
hat seine neue Freiheit lieb,
hört die Geräusche der Natur,
lebt nur noch mit der Sonnenuhr.

Eine neue Nachbarin

Sonderbarerweise steht ein Schuh vor meiner Tür,
Schlangenleder Größe achtunddreißig,
sonst hab' ich für Scherze dieser Art immer Gespür,
doch von keinem Fuß in dieser Größe weiß ich.
Lasse ihn allein,
denke an ihr Bein,
vielleicht steht sie bald auch vor der Tür.

Heute morgen hängt auch noch ein Handschuh an der Tür,
schwarze Spitze, etwa bis zum Ellenbogen
und wieder gibt es keinerlei Erklärungen dafür,
woher er kommt und wer ihn ausgezogen.
Ich denke an die Hand,
bin doch etwas gespannt,
vielleicht klopft sie schon morgen an der Tür.

Und eben schiebt sich langsam noch ein Gürtel durch die Tür,
aus rotem Lack für eine schlanke Taille.
Ich denke mir, sie ist wohl mehr von kleinerer Figür,
und gehe an die Tür mit leichter Eile.
Sie steht da auf einem Schuh,
sagt mit lächelnd hallo du,
ich wohne jetzt mit dir so Tür an Tür.

Und als sie wieder geht, stand ich noch grübelnd an der Tür,
so etwas habe ich doch nicht erwartet.
Zum Abschied gebe ich ihr noch ein Oberhemd von mir,
so merkte sie, auch ich bin durchgestartet.

Soll es geben

Die Krake schwimmt im Hochzeitskleid
und schlingt vier ihrer schlanken Arme,
um mich, der endlich nun soweit
und sage „ja“ zu dieser Dame,
die dann die meine wird fürs Leben,
wir werden beide gleich entschweben.

Wir lernten uns beim Tauchen kennen,
in dreißig Meter Wassertiefe,
sie schien sich grad von ihrem Mann zu trennen
und ich tat so, als ob ich schliefe.
Sie legte sich sacht' neben mich
und sah durchs Glas mir ins Gesicht.

Und unsere Augen trafen sich
und ich strich zärtlich ihre Haut,
es war wohl Liebe auf den ersten Blick,
denn danach nannte ich sie meine Braut.
Wir sahen uns nun täglich,
sie war nicht laut und sehr verträglich.

Ab heute ziehe ich zu ihr
in dreißig Meter Wassertiefe,
den Reisepass lasse ich hier
und schreibe keine Briefe.
Wir wollen nur noch Kraken sein,
am Riff entsteht das Eigenheim.

Die Krake schwimmt im Hochzeitskleid
und schlingt vier ihrer schlanken Arme
um mich, der lange schon so weit,
zu folgen ihr im Schwarme,
denn ihre Mutter wartet schon
auf diesen neuen Schwiegersohn.

Die Hoffnung bleibt

Mein letzter Zahn beißt tastend in die Schnitte,
die sich von ihrer Rinde trennen musste,
meist guckt er jedoch einsam durch die Lippe
und denkt an Zeiten mit der harten Kruste.

Die andern Einunddreißig suchten früh das Weite,
nur er steht trotzig auf dem Kiefer, wie ein Fels
und ich versprach ihm, dass ich ihn behalte
und morgen gibt es deshalb neuen Schmelz.

Ich lade dich zur Krönung meines Zahnes ein,
bestimmt wird es nicht ganz so wie bei Hofe sein,
doch will die Krankenkasse alles finanzieren
und du wirst ihm als erster gratulieren.

Vielleicht kommen die guten Zeiten wieder,
der Traum vom Biss ins Steak wird Wirklichkeit
und es gibt einunddreißig neue Brüder,
das Wasserglas steht schon bereit.

Berufsunfall

Er war Jongleur
und sie Domteuse
und sein Malheur
machte sie böse,
traf doch sein Ball
bei der Dressur,
wie aus Zufall,
den Löwen nur,
gerade als
ihr blonder Kopf
im Löwenhals,
fast wie ein Kropf,
ein letztes Mal
zwischen den Zähnen ...
Sie war einmal.
Bleibt zu erwähnen,
dass der Jongleur,
sich lange schämend
mit viel Likör
sein Leben nehmend,
ein Ende fand,
hoch vom Trapez,
im Zirkussand,
ja, ja so geht's.

An falscher Stelle

Auch der Mond hat seine Tage,
da ist er nicht so recht in Form,
er ist nur in der besseren Lage,
bei ihm, da gilt es schon als Norm.

Doch von mir da wird erwartet,
dass ich täglich, wie entartet,
frisch gekämmt, mit froher Miene,
Stund um Stund mit Leistung diene.

Weil als Neumond mal geboren,
bin auf Erden ich verloren,
sollte mich bald überwinden,
meinen Platz am Himmel finden.

Überlegung zur Heiratsanzeige

Bin ich eigentlich tolerant,
wie es da geschrieben stand,
esse gern und reise fern,
laufe Ski und rauche nie,
Kinder sind mir angenehm,
Gespräche, auch mal unbequem.

Bin ich intellektuell,
abgesichert finanziell,
attraktiv und intensiv,
einfühlsam und nicht zu lahm,
laufe stets durch die Natur,
lieb' Theater und Kultur.

Will ich alles nur zu zweit,
treu und voller Zärtlichkeit,
mit ihr schön und gertenschlank,
hausfraulich, doch elegant.
Will ich sie katholisch lieben,
wie sie wunschgemäß geschrieben.

Bin ich wirklich ortsgebunden,
hab' ich sie so fern gefunden,
die Probleme mit mir nehme
ins bequeme neue Nest,
bin ich noch genauso froh,
irgendwann und anderswo?

Ist mein Alter nicht zu alt?
Hab ich wirklich noch Gestalt?
Bin ich denn noch Realist,
wenn sie gar erst dreißig ist?
Sollte ich mein Magenleiden
schon im ersten Brief beschreiben?

Und so will ich nicht verschweigen,
muss ich mich einmal anzeigen,
beschreibe ich mich wie ich bin,
manchmal Looser, mal Gewinn.

Schöne Idylle

Mit dem Falter in dem Käscher
und dem Wams aus rotem Vlies,
geht der alte Tellerwäscher
nachdenklich in sein Verließ,

Flog nicht dieser kleine Falter,
der so schön und farbenfroh,
ihm, in seinem hohen Alter,
direkt auf den Paletot.

Auf dem Felde blühten Gräser,
Gänseblümchen, Wegerich,
doch die wollt', geneigter Leser,
dieser kleine Falter nicht.

Und so sitzen nun die Beiden
in dem Raum fast ohne Licht,
jeder mag den andern leiden
und das Ende weiß man nicht.

Überlegung zur Zigarettenwerbung 1980

Ob der Mann auf dem Plakat,
der stets Zigaretten hat,
auch dem Pferd mal eine gibt?

Ob der Mann auf dem Plakat
schon mal abgesattelt hat
und dem Pferd auch Futter gibt?

Ob der Mann auf dem Plakat,
abends nur die Stute hat
oder eine andere liebt?

Ob der Mann auf dem Plakat
schon ein Buch gelesen hat
oder nur ins Blaue sieht?

Ob der Mann auf dem Plakat
schon die Raucherlunge hat,
vielleicht gar sein Rheuma pflegt?

Ab der Mann auf dem Plakat
Später sein Rente hat
oder von der Wohlfahrt lebt?

Ob das Pferd auf dem Plakat
über dieses Model lacht,
in der neuen Westerntracht?

Ob das Pferd auf dem Plakat
schon mal ausgeschlagen hat
oder einen Buckel macht.

Ob das Pferd auf dem Plakat
Sich so die Gedanken macht
und über die Raucher lacht.

Die Reaktion ist alles

Panik in der Cremefabrik,
alles cremt, ich creme mit.

Scherben in der Glasfabrik,
alles klirrt, ich friere auch.

Kurzschluss in der Wachsfabrik,
alles schmilzt, ich hab' verwachst.

Feuer in der Taufabrik,
alles taut, ich bin verknotet.

Panne in der Druckerei,
alles drückt, ich bleibe clean.

Brand im Autoreifenwerk,
alles reift, ich blühe auf.

Raub beim Winterschlussverkauf,
alles cremt, ich bin schon braun

Eine harte Jugend

Es war einmal die Liese,
kein Mädchen hatte diese
so roten Wangen im Gesicht,
nein keine nicht.

Ich schrieb ihr täglich Briefe,
so innig und voll Tiefe,
schlich abends um ihr Haus,
sie ließ den Hund heraus.

Bemalte für sie Dosen,
bedachte sie mit Rosen,
beweinte sie im Schlaf,
bis mich ihr Stiefel traf.

Versuchte es mit Scherzen,
verstreute für sie Erbsen,
besprach es mit dem Pfarrer,
sie wurde immer starrer.

Dann lag ich ihr zu Füßen,
bedeckte sie mit Küssen,
wollt' nimmer von ihr lassen,
da warf sie mit der Tass'n.

Das war vor fünfzig Jahren,
die nicht so einfach waren
und sollt' ich derweil sterben,
den Stiefel und die Scherben,
erhalten meine Erben.

Liebe im Zeitalter der Technik

Ihr Körper lag im Windkanal
und sie war tags darauf erkältet,
ihr C-Wert ist nicht ideal,
doch mir, ja mir gefällt es,
wenn sie, obwohl noch leicht verschnupft,
in meine Tiefgarage schlupft.

Mit ihrem negativen Sturz
stand sie mir meistens auf den Füßen,
ich liebte sie, so flach und kurz
und wollte ich sie einmal küssen,
dann parkte ich sie an dem Strand,
in Kampen oder Westerland

Zu ihrer hellen Politur
trug sie ein rostrotes Make up,
sie ging nur in der linken Spur
und ich strich wohlig ihren Lack,
besonders ihre Heckpartie,
allerfeinste Anatomie.

War ihr Verbrauch auch etwas hoch,
so lag sie doch auch im Gelände
und wenn sie ihren Körper bog,
nahm ich ihn gern in beide Hände,
verspürte ihre Federung,
am Berg und in der Niederung.

Ihr Klang war kräftig, doch genehm,
selbst noch bei hohen Touren
und wollte sie alleine gehn,
dann hinterließ sie Spuren,
so konnte ich rekonstruieren,
lief sie auf Zweien oder Vieren.

Andere Kultur

Vier Törtchen sangen im Quartett,
mit einem kleinen Sahnehäuptchen,
ich hatte wieder kein Billet,
nur Tränen in den Äugchen.

So stand ich wartend vor der Tür,
sie sangen wirklich miserabel,
zum Hören war ich auch nicht hier
und drückte meine Kuchengabel.

Wohlhabender Faulpelz

So wahr mir einer helfe,
denn diese Last ist furchtbar schwer,
ich böte ihm die Hälfte
und wenn er will ein bisschen mehr.

Er könnte sogar alles haben,
ich würde mich wohl trennen,
müsste mich dafür auch noch tragen,
nicht gehen sollt' er, rennen.

Und während er so alles trägt,
müsste er noch ein Liedchen singen,
so eines, das zu Herzen geht,
dann wird es wohl gelingen.

Sekunden-Schicksal

Sie ist schon manchmal äußerst knapp,
die Schwelle zwischen Tod und Leben,
zählte man zwei Sekunden ab,
es würde manch einen noch geben,
zählte man zwei Sekunden zu,
ich würde es bedauern,
wärst der Verstorbene gar du
und viele würden trauern.

Sie ist schon manchmal äußerst knapp,
die Schwelle zwischen Sein und Nichtsein,
du meldest dich für Stunden ab
und bist für alle Zeit allein.

Kleidungstreue

Wartet die Hose auf den Hintern
oder ist es ihr egal,
liegt im Schrank zum Überwintern,
ohne Ehrgeiz im Regal.

Schielt das Hemd nach meiner Brust,
weichgespült und bügelglatt,
hätte es mal wieder Lust,
auf den Ausflug in die Stadt.

Schmollt die Socke in der Lade,
knotenrund und eingeengt,
sehnt sich so nach meiner Wade,
liebt so sehr mein Fußgelenk.

Mault der Gummistiefel spröde,
voller Lehm vom letzten Jahr,
flog er in den Keller schnöde,
weit getrennt, nicht mal als Paar.

Will der Lodenmantel wieder
eingehakt durchs Kaufhaus gehn,
lachend über seine Brüder,
die so eng im Schranke steh'n.

Die Serviette auf den Schoß,
spürt gern meine warmen Beine
leicht verschmutzt vom Suppenkloß,
ist sie nicht mehr so alleine.

So bedenke, auch die Kleidung,
hilft dir oft in deinem Leben,
lese immer die Beschreibung,
musst ihr deine Nähe geben.

Ländliche Lebensweisheit

Jeder Pilz sucht die Pilzessin
in dem großen, grünen Wald,
vielleicht ist sie längst gegessen
oder aber schon sehr alt,
trägt nicht das rotweiße Krönchen,
ist wohl mehr so ein Bowist,
wächst versteckt als graues Tönnchen,
mittendrin im Hühnermist.

Könnte auch ein Schwammerl sein,
gelblich wuchernd an der Borke,
ohne Hofstaat ganz allein
an dem falschen Orte.
Oder Sie hat abgedankt,
sitzt jetzt unterm Fuße
eines munteren Jägersmann,
lebt hier ganz in Muße.

Darum merke bei der Suche
nach der Schönsten in dem Land,
nicht nur unter buntem Tuche,
auch im traurigen Gewand,
lebt versteckt manch' feine Blüte,
mausegrau und unerkannt.

Selbstkritisch

Warum sich noch ändern sollen,
bin doch allen schon bekannt,
keine will mich richtig wollen,
habe doch schon abgedankt,
reagiere wie ich kann,
heftig oder eben lau,
manchmal liegt es auch daran,
bist du Mädchen oder Frau,
bringst du Honig oder Salz
sagst du mir gleich - keinesfalls.

Warum sich noch ändern sollen,
müsste mich total verstellen,
will mit dir nicht lächelnd grollen,
kann nur lieben oder bellen,
reagiere wie ich kann,
manchmal ohne jedes Wort,
bin der Rest von einem Mann,
schleiche als Verlierer fort.
Oder es läuft alles gut,
fühle, wie du reagierst,
liebe dich mit Übermut
und du spekulierst,
wird er sich noch ändern können?

Traurige Aussichten

In meinem Herzen zwickt's,
weil du mir wieder nix's
von dir gezeigt.

Sitze seit Wochen schon
abends vor dein'm Balkon
auf einem Zweig.

Und wenn ich morgens geh
und dich auch dann nicht seh,
ist mein Gefühl,

wenn ich am Fließband steh
und all' die Schrauben dreh
schon etwas kühl.

Doch schon um fünfzehn Uhr,
denke ich immer nur,
ich muss dich sehn.

Esse kein Abendbrot,
klett're im Abendrot,
es wird schon gehn.

Seh' dich als Schatten nur,
einmal um zwanzig Uhr,
werde ganz bleich.

Falle, man hört es kaum,
kopfüber von dem Baum,
denke vielleicht,

in deinem Herzen zwickt's,
wenn du vom Fenster blick's,
siehst mich als Leich'.

Grübeln über das Leben

Die Tage ziehn
und ich zieh mit
an diesem Strang
und mir wird bang'
wohin es geht,
ich kann nichts sehn,
nur immer nach,
es wird schon gehn,
doch die da vorn,
sie wissen nicht,
wenn ich so zieh,
mit mein'm Gewicht,
an diesem Strang,
was ich so denk,
in dem Gewühl
der Einsamkeit,
ohne Gefühl
und vielleicht zieh
ich gar nicht gut
und vielleicht flieh
ich ohne Mut
zu einem kleinen,
neuen Strang,
zu jenen die
nur langsam ziehn,
die Fragen hör'n
und mich verstehn.

Zeitgeschehen

Als der junge, schöne Förster
seine Uniform bekam,
war der Wald noch hundert Hektar
und der Bock die Ricke nahm.

Als der junge schöne Förster
streifte durch den Wald,
war die Luft so voller Zirpen
und die Finken schlüpften bald.

Als der mittelalte Förster
brauchte einen neuen Rock,
war der Wald nur noch ein Wäldchen,
tot die Ricke, weg der Bock.

Als der mittelalte Förster
wieder um das Wäldchen fuhr,
war die Luft so voller Schwefel,
hörte er die Firmenuhr.

Als der alte, müde Förster,
stand in grauer Uniform,
diente er dem Werk als Pförtner
und erfüllte seine Norm.

Als der alte, müde Pförtner
durch das Werktor ging,
war die Zeit für ihn zu ende,
nur die Ampel hat geblinkt.

Die Hoffnung bleibt

In dem zarten Mürbeteig
lag der Bäckerfinger bleich,
wurde noch vor ein paar Tagen
an der linken Hand getragen.

Heute steckt er in der Mitte,
zwischen Kirsch- und Apfelschnitte,
zeigt nach rechts, zum Fensterrahmen,
mitten durch die Kaffeedamen.

Und sie nehmen ihre Brillen,
schauen um sich, ganz im Stillen,
hoffend, ist es jetzt soweit,
mit dem großen Fingerzeig.

Durch alkoholischen Übermut

Die Bergwacht singt ein fröhlich' Lied,
ich ahne, doch ich singe mit,
ach hätte ich doch letzte Nacht,
den Mund nicht so weit aufgemacht.

Mit Schlittschuhen vom Matterhorn,
im Morgenlicht und leicht verfror'n.

Die Bergwacht singt ein neues Lied,
ich fürchte, doch ich singe mit,
die Wette gilt, sagte ich noch,
obwohl es sehr nach Absturz roch.

Die Bergwacht singt ein drittes Lied,
ich habe meine Schlittschuh mit,
noch hängen sie um meinem Hals,
nur noch Minuten bestenfalls.

Die Bergwacht singt ein leises Lied,
ich werde blass und sing nicht mit,
dachte ich doch, nach vierzehn Bieren,
die Wette kannst du nicht verlieren.

Die Bergwacht sieht mich prüfend an,
und stimmt kein neues Lied mehr an,
ich zücke bleich mein Portemonnaie
einhundert Mark, bezahlt im Schnee.

Die Bergwacht steckt die Scheine ein,
und so auf Schlittschuhen allein,
hoch über mir das Matterhorn
und in mir dieser leichte Zorn
auf diese Biere und den Korn.

Froh Mensch zu sein

Auf freier Wildbahn wäre ich
als Kümmerling schon lange nicht
mehr unter meinesgleichen,
ich kann noch nicht mal schleichen.

Die Beute hörte mich von fern,
ich bücke mich nun mal gern,
im springen äußerst ungeschickt,
hätte ich manchen Ast geknickt.

Auch kann ich nicht gut beißen.

Wäre aus Zufall, einfach so
ein kleines Lämmlein irgendwo,
der Mutter weggelaufen,
ich würde Milch einkaufen.

Auch kann ich nicht gut brüllen.

Käme die Zeit der großen Brunft,
ich sollte Weibchen locken,
blieb still in meiner Unterkunft
und tränke Henkell trocken.

So kann man sich auch sehen

Dieses für die Biographen,
hab' im Leben viel geschlafen,
aß in Maßen, aber gut,
in der Liebe absolut,
arbeitete regional,
Kälte war mir eine Qual,
liebte meine Heimatstadt,
sang die Hymne nur vom Blatt,
hatte meine Mutter lieb,
war ein ausgefall' ner Typ.

Auf meinem Beipackzettel

Auf meinem Beipackzettel steht,
dass es mit mir sehr langsam geht,
die Wirkung spürt man erst nach Tagen,
es zwickt im Herzen oder Magen
und nimmt man mich am Abend ein,
so kann ich sehr verträglich sein.

Mein Anwendungsgebiet ist groß,
ich funktioniere anspruchslos,
belustige mit alten Witzen,
kann stundenlang im Kino sitzen
und steht der Sinn nach Reibekuchen,
hört man mich in der Küche fluchen.

Beim Tanzen bitte nicht enttäuscht sein,
im Knie hab' ich ein Zipperlein
und erst mal die Erwartung senken,
ich zähle zu den Ungelenken,
aber mir dabei mal zuzusehn,
ist irgendwie dann doch ganz schön.

Bei der Dosierung nehme man,
mich höchsten zweimal täglich ran.
Ich gebe was zu geben ist,
alles ganz ehrlich ohne List
und ist dann alles gut bekommen,
fühlt man sich glücklich und benommen.

Die Nebenwirkungen sind immer,
bei Abhängigen schon etwas schlimmer
und gibt man mir nur wenig Ruh,
die Unverträglichkeit nimmt zu
und reicht es nicht mehr zur Versöhnung,
bleibt leider nur noch die Entwöhnung.

Bald auch: Männer aus der Tüte

Ich bin so ein „Instantman“
man rühre mich mit Wasser an
und schon wird aus der heißen Tasse,
ein Jüngling aus der Unterklasse,
mittelgroß,
burschikos
anspruchslos.

Gibt man etwas Rahm hinzu
verbessert sich das Rendezvous
und schon wird aus der heißen Tasse,
ein Jüngling aus der Mittelklasse,
konfirmiert,
gut rasiert
talentiert.

Mit Champagner angemischt
steht Paul Newman auf dem Tisch,
dieses Bild von einem Mann
hält etwa drei Stunden an,
elegant,
tolerant
und amüsant.

Willst du lieber einen Prinzen
nimm Kakao und Pfefferminzen

Entwicklung auf dem Passbild

Auf meiner Monatskarte seh' ich aus wie Elvis,
besonders morgens, wenn ich munter bin
und wenn der Schaffner intellektuell ist,
dann schaut er lieber zweimal hin.

In meinem Reisepass bin ich schon mehr Clark Gable,
wie in der Kutsche neben Vivien Leigh?,
der Zöllner sieht nur meinen grauen Schädel,
man wundert sich, dem fehlt die Phantasie.

Auf meinem Führerschein bin ich wie Humphrey Bogart,
ein Polizist nahm ihn mir ohne Diskussion,
dabei saß ich nur auf dem neuen Fahrrad,
wer denkt denn schon an solche Reaktion.

Für meine Frau bin ich noch immer der von gestern,
wenn ich original im Zimmer stehe,
verkleidet mal nach Krimi oder Western,
sie hat's nicht gern, wenn ich so oft ins Kino gehe.

Norddeutsche Lebensweisheit

Dat Leven geit so schnell voröber
und de Geschicht von dir blifft dünn,
am Ende bist du auk nich klüger,
watt hat dat Ganze für nen Sinn?

Dor strampelst du dich aff im Leven,
springst morgens müde ut de Kist,
musst all de Tiet dat selbe reden
und dat is meistens auk noch Mist.

Und het de Fruh auch noch to seggen,
dann häst du wirklich gligs verspielt,
dor gifts nur Ruhe in den Betten,
ok wenn du nach ner Annern schielst.

Drum seg ick dir als gouder Fründ,
lot dir man Tied bi dem Theater,
ein bütten Spaß sei di vergünt,
bevor du utsiehst wie dien Vatter.

So sind die Typen

Männer strahlen Würde aus,
präsentier'n den Herrn im Haus,
nehmen stets das größte Stück,
blicken vor und nicht zurück,
haben Macht durch mehr Gewicht,
zeigen Narben im Gesicht.

Männer sehen jünger aus,
kehren gern den Sportler raus,
brauchen Altersunterschied,
steh'n mit fünfzig im Zenit,
kämmen graue Haare quer,
brauchen keine Brille mehr.

Männer haben mehr Verstand,
fahren Chrom mit einer Hand,
sitzen den Vereinen vor,
erkennen Abseits oder Tor,
rauchen hinter dicken Türen,
wollen nur alleine führen.

Männer haben immer recht,
sind das stärkere Geschlecht,
glauben immer was sie denken,
warum soll man sich einschränken.
Zweifelnd ist doch nur Gelaber,
dient doch nur noch dem Versager.

Männer kennen viele Frauen,
woll'n mit ihnen Häuser bauen.
Versprechen für die Ewigkeit,
immer glücklich ohne Leid,
und aus unbekannten Gründen,
sieht man sie dann doch verschwin-
den.

Geschäft geht vor

Peinlich war er ihm schon immer,
dieser Größenunterschied,
noch im elterlichen Zimmer,
er die Nähe zu ihr mied.

Doch des greisen Vaters Pläne,
dass er sie zur Frau sich nähme,
verhießen neues Kapital
und da blieb ihm keine Wahl.

Schon längst sind Konten ausgeglichen,
der Pleite ist man ausgewichen,
der greise Vater ist verstorben
und dennoch sind's die gleichen Sorgen.

Noch jetzt, so viele Jahre später,
im Leben war sonst eitel Glück,
fehl'n ihm die fünfzehn Zentimeter,
es bleibt der Größenunterschied.

Der Beruf spielt mit

Er war Friseur,
sie Maniküre,
sein Glas war leer,
sie ging zur Türe,
sein Haar lag blond,
ihr Nagel rot,
auf dem Nachtschrank,
sie holte Brot.

Sein Biss war fest,
ihr Auge blau,
er kannte sie,
sie ihn genau,
Am nächsten Morgen
lag nichts mehr da,
kein roter Nagel,
kein blondes Haar,
nur eine Plombe
aus seinem Mund,
das Brot war hart,
aber gesund.

Pilotenliebe

Er flog noch ein Schleife,
sie hörte gar nicht hin,
griff langsam nach der Seife
und wusch nicht nur ihr Kinn.

Dann hörte sie aufs Neue
das Brummen der Motoren,
sie liebte diese Treue
und pinselte die Ohren.

Der Knall der Explosion
ließ sie dann doch erschrecken,
sie stellte die Lotion
ganz vorsichtig aufs Becken.

Die erste Feuerwehr
kam schon nach drei Minuten,
sie kämmte sich nicht mehr,
sah schnell noch nach dem Kuchen.

Dann hörte sie ihn kommen,
den Fallschirm unter'm Arm,
er war noch leicht benommen,
der Kaffee war schon warm.

Untreues Landleben

Die Braungefleckte steht am Hang
und kauet wieder wider
und ich, ich sage „Gott sei Dank,
da bist du wieder Frieda.
Doch warum brauchtest du für ein Laib Brot
gleich sechzehn Stunden,
hast du den Bäcker nicht sogleich gefunden“?

Die Braungefleckte reibt das Horn
und glotzt betrübt danieder,
und ich, ich fühle diesen Zorn
auf meine Frieda wieder.
Nahm sie sich nicht für ein Pfund Hack
gleich einen ganzen Tag,
zudem fand ich noch den Betrag
in ihrem Mieder wieder.

Die Braungefleckte hebt den Kopf
und zeigt die grüne Zunge
und ich, ich zieh’ an Friedas Zopf
und schrei’ aus voller Lunge:
„Wenn du nun morgen Butter holen gehst,
mehr als drei volle Stunden,
dann ist es aus mit uns, verstehst,
dann zieh’ ich zu der Bunten“.

Die Braungefleckte hört uns zu
und hebt sacht ihre Lider,
noch steht sie da als bunte Kuh,
doch Frieda kommt nicht wieder.

Warum nur?

Ich bin des Geisterfahrers Frau
und kannte meinen Mann genau
und dieses hier sind meine Söhne,
der eine fünf, der and're zehne.

Er ging stets seiner Arbeit nach,
ab morgens sechs, manchmal bis acht,
verdiente guten Wochenlohn,
kein Zeichen von Resignation.

Die Sache mit der Autobahn,
die er seit elf Jahren befuhr,
dass er die falsche Seite nahm,
spricht einfach gegen die Natur.

Hatte er doch wie jeden Tag
die Brote in der Plastikdose,
in seine Tasche eingepackt,
den Apfel trug er lose.

Und winkte er nicht wie gewohnt,
wir standen noch am Zaune,
all das, hat sich wohl nicht gelohnt,
er fuhr schon wie im Traume.

Ich bin des Geisterfahrers Frau
und kannte meinen Mann genau,
doch warum er am Donnerstag
die falsche Spur genommen hat,
wer weiß das schon genau.

Hundeliebe

Waldi ist gegangen,
mit ihm mein blondes Weib,
wer hat nur angefangen
und sind sie wohl schon weit?

Er zeigte schon seit Tagen
im Blick Melancholie,
was lag ihm auf dem Magen
und wie war eigentlich sie?

Die beiden unzertrennlich,
ja Waldi war sehr schön
und wenn sie ihm das Fell strich,
war's schnell um ihn geschehn.

Er trug nicht nur die Zeitung,
er bellte auch für sie,
sie war stets seiner Meinung,
er widersprach ihr nie.

Meist lagen sie im Körbchen
und er bewachte sie,
aßen ein Hundetörtchen
in voller Harmonie.

Da hörte ich sein Bellen,
so mitten in der Nacht,
ich hoffe sie wird schellen,
er hat sie heimgebracht.

Waldi ist gekommen,
mit ihm mein blondes Weib,
ich bin noch ganz benommen
und hoffe, das er bleibt.

Leidenschaft

Wenn mir die Tasse ihren Henkel gibt,
so bin ich lang noch nicht in sie verliebt,
doch, wenn mein Mäuschen mal die Hände ballt,
das lässt mich niemals kalt.

Auch wenn der Absatz mich nach oben hebt,
ich hab' es kaum bewusst erlebt,
doch wenn mein Mäuschen mit der Lippe schmollt,
hab' ich es stets noch mehr gewollt.

Und wenn der Regenschirm den Regen hält,
so ist das einfach meine Welt,
doch wenn mein Mäuschen mal die Zähne zeigt,
mein Leben sich dem Ende neigt.

Selbst wenn der Schlüssel an dem Haken hängt,
mein Leben wird nicht abgelenkt,
doch wenn mein Mäuschen mal die Nase kraust,
ich fürchte, ist es mit mir aus.

Als es noch zwei Deutschlands gab

Zwei Düsenjäger düsen träger
als sonst über die Ückermarsch.
Den einen fliegt ein Schürzenjäger,
den anderen fliegt jetzt ein Arzt.

Der Schürzenjäger sieht versonnen
aus seiner Kanzel auf die Wiesen,
er will schon wieder runterkommen,
denkt der Psychiater über diesen.

Und wirklich steht da zwischen Weiden,
die kleine Blonde mit den Zöpfen,
sie gibt sich immer so bescheiden,
hat wieder Gulasch in den Töpfen.

Zwei Düsenjäger düsen träger
und der Psychiater redet sanft,
hinüber zu dem Schürzenjäger,
der riecht nur noch des Gulasch Dampf.

Und auch des Arztes feine Nase
ahnt unter sich sein Leibgericht,
zieht schnell die Blumen aus der Vase,
mit leeren Händen kommt man nicht.

Nach weicher Landung zwischen Kühen
und etwas Stacheldraht am Heck,
sieht man die beiden sich bemühen,
zu essen was so lecker schmeckt.

Natürlich war die kleine Blonde
Spionin aus der DDR,
doch wer so lecker kochen konnte,
machte noch jeden Himmel leer.

Sonderbares Schicksal

Mit Sicherheit bin ich vertauscht,
vermutlich schon im Mutterleib,
der liebe Gott, vielleicht berauscht
oder nur so aus Flüchtigkeit,
hat mich der Falschen implantiert
und meine Zukunft ruiniert.

So sitze ich im Vogelnest,
die Amsel schaut mir ins Gesicht,
kaue noch auf dem Mückenrest
und will die nächste Made nicht,
an ihrer Brust sind keine Brüste,
wenn sie nur meine Wünsche wüsste.

Und unten auf dem Bürgersteig
da spielen alle meine Brüder,
ich sitze auf dem Buchenzweig,
kann nicht zu ihnen nieder,
ich habe Flügel, keine Arme,
nicht Willy, Amsel ist mein Name.

Bestimmt, und das macht mir Verdruss,
soll ich den Rest von meinem Leben,
als neuzeitlicher Ikarus
wohl zwischen diesen Ästen schweben.

Ihre Abrechnung

Du bist der Senf in meinem Leben,
du kostest nichts und stehst herum,
es hat dich immer schon gegeben,
hat man nur dich, so ist man dumm.

Du bist der Senf in meinem Leben,
du gibst mal Würze, mal Geschmack,
es hat dich immer schon gegeben,
mal nur in Jeans, mal groß im Frack.

Du bist der Senf in meinem Leben,
oft passt du nicht, ich möcht' es süß,
das hat es immer schon gegeben,
dann bleibst du stehn und wartest eben.

Du warst der Senf in meinem Leben,
heut' stehst du trocken, bist porös,
wie dich, da wird es immer welche geben,
mal kleinkariert, mal generös.

Es gibt unterschiedliche Reize

Er trank ein Gläschen an der Bar
und sah sie näher kommen,
sie war so schön und sonderbar
und gähnte halb benommen.

Das Blecken ihrer weißen Zähne
und als Kontrast die rote Zunge,
er liebte innig das Gegähne,
es kam so tief, aus voller Lunge.

Sie gähnte noch so ein, zwei Stunden,
er hing an ihrem Unterkiefer,
fühlte sich sehr mit ihr verbunden
und die Beziehung wurde tiefer.

Bald war auch seine Zeit gekommen,
er gähnte einmal kräftig mit,
sie hat ihn an die Hand genommen,
er hörte ihren festen Schritt.

Dann lagen sie in ihrem Bette
und gähnten aufeinander los,
sie gähnte eine Pirouette
und er versank bedingungslos.

Ein modernes Vorbild

Mein Patenonkel ist ein Industriecomputer,
und nahm den Job von meiner lieben Mutter,
sie lebt nur noch im Müßiggang
und meldet sich beim Arbeitsamt.

Von Zeit zu Zeit schickt er uns schrecklich lange Listen,
damit wir etwas mehr über sein Leben wüssten,
er hat die Nummer sechsunddreißig
und ist drei Schichten richtig fleißig.

Mein Patenonkel ist ein Industriecomputer,
er lötet viel, viel schneller als die liebe Mutter,
sie hat es langsam eingesehen,
und lässt die Zeit vorübergehen.

Zu Weihnachten schickt er ein schönes Spielpaket,
auf dem von ihm gelötet dann mein Name steht.
Dann schreibe ich ihm einen Brief,
den legt die Firma ins Archiv.

Mein Patenonkel ist ein Industriecomputer,
ich möchte gern so sein wie er und nicht wie meine liebe Mutter,
sein Eisen ist so kunterbunt
und er ist immer kerngesund.

Diebesgedicht

Nach dem Raub der vollen Kassen,
trat ins Leben ihm der Schreck,
worauf konnt' er sich verlassen,
war die Armut doch nun weg.

War sie doch seit frühesten Zeiten,
nie gewichen, wie ein Freund,
auch bei kleinsten Angelegenheiten
hat sie sich noch aufgebäumt.

Stets saß sie ihm im Gesicht,
wollte seine Pläne nicht,
wenn er abends mit Gedanken,
schlich um Sparkassen und Banken.

Und dann war er auch soweit,
Polizisten, gleich zu zweit,
nein sie standen dort zu dritt,
denn die Armut kam gleich mit.

Nach der Fahrt im grünen Wagen,
bei Gericht den vielen Fragen,
sitzt er in der Zelle warm,
mit der Armut Arm in Arm.

Angebrachte Zweifel

Auf meinem Mofa bin ich König,
bei meiner Mutter bin ich Sohn,
bei meinem Vater zähl' ich wenig,
bei meiner Tante war ich schon.

Mit meiner Brille heiß' ich Johann,
bei meiner Schwester riecht's nach Tee,
und meine Zähne sind gerichtet,
die ganze Ordnung tut mit weh.

In meinem Körper wächst der Unmut,
an meinem Kinn der erste Flaum,
hab schon gemerkt, was alles weh tut,
die andern merken' s jedoch kaum.

Mit meiner Freundin geht es langsam,
mit meinen Wünschen bin ich schnell,
in meiner Lunge kratzt es manchmal,
ich hoff', mir wächst ein dickes Fell.

Auf meinem Mofa bin ich König,
bei meiner Mutter bin ich Sohn,
bei meinem Vater zähl' ich wenig,
bei meiner Tante war ich schon.

Will meine Zukunft noch nicht haben,
kann ihre Wünsche nicht mehr hören,
trag schwer daran, was sie mir gaben,
hat nicht gereicht, ihn' zu gehören.

Das Ende eines Feinschmeckers

Auch im Schaum kann ich sie lieben
oder warm mit Zuckerguss,
leicht mit Honig eingerieben,
ist sie köstlicher Genuss.

Dünn mit Blätterteig umhüllt,
aber mit Vanillesauce,
schmeckte sie so jugendmild,
stillte sie mir die Neurose.

Zart mit Butter übergossen,
lag sie nackt im Blattspinat,
habe sie so oft genossen,
bis sie mich um Ruhe bat.

Einmal lag sie ganz in sauer,
eingelegt in Weinaspik,
zuerst war ich nur Beschauer,
dann hab' ich sie sehr geliebt.

Kürzlich auf dem Rost gegrillt,
schmeckte sie wie junges Wild,
doch die Sache ging zu weit,
sie hat sich von mir entzweit.

Bat sie noch mit Engelszungen,
doch sie zog hinaus aufs Land,
lebe von Erinnerungen,
esse nur noch Wurst am Stand.

Sylter Alltag

Am Strand von Sylt
sitzt frisch geölt
ihr vierter Mann.

Auf einem Stein
sitzt er allein
und ist ihr gram.

Er hat gesehn
wie sie beim Gehn
so mit der Hand,

von Ferne schon
dem Nachbarsohn
direkt am Strand,

die Fünf gezeigt,
er schien geneigt,
doch allerhand!

Der vierte Mann
sich kurz besann
und nahm den Stein,

traf seine Frau
ganz haargenau,
das war gemein.

Schleswig-Holstein Lied

Op Schleswig-Holstein
Dor künt wie stolz sein
Im Water liegen
Die Beine biegen
Am Strand sich suhlen
Mal Krabben pulen.

Kanns Chrischi heißen
De Bootswand weißen
Die Segel recken
Muss nich viel seggen
Bi blauen Himmel
Und Kirchgebimmel

In Schleswig-Holstein
Dor gifts keen Weißwein
Dor muss een Schnaps her
Un auk een Flensbeer
Un wat to eten,
aber mit Greten.

Kanns Hannes heißen
Siehst Möwen scheißen
De Kühe blöken
Kannst ehn verlöten
Musst gor nichts geven.
So is dat Leven.

Mien Schleswig-Holstein
Will immer dort sein
Datt Leven leven
Mien Herz hingeven
Mien Heimatland
An de Waterkant.

Pflanzliche Schicksale

Ich bin die letzte Rose an dem Strauch
und bald vergeht mein zarter Hauch,
ich falle welk und braun ins Laub
und nach zwei Jahren bin ich Staub.

Die Brechbohne gleich nebenan,
freilich war etwas besser dran,
man pflückte sie vor Wochen grün,
nun darf sie in der Dose stehn.

Und nach sechs Wochen bei Bocuse,
wird sie mit anderem Gemüs',
mit Speck umwickelt und geschmückt,
von einem Reichen rasch verdrückt.

Einsamkeit im Glas

Ich bin die Brücke des Herrn Grafen,
die ihm zerteilte das Filet,
ich hab die Nacht im Glas geschlafen,
nach diesem langen Defilee.

Nachdem Champagner mich umspülte,
gab's Lachs mit etwas Meerrettich,
mich ein Sorbet dann unterkühlte,
es zog danach ganz fürchterlich.

Reichlich trockner Blanc de Blanc
heizte meine Stimmung an,
nun die weiteren Delikatessen
musste er alleine Essen.

War es wohl der kräft'ge Biss,
der mich ihm vom Kiefer riss
oder dieser viele Wein,
jetzt lieg' ich im Glas allein.

Erlebnis im Tal

Wir leben schon seit sechzehn Jahren
direkt hier unterem Viadukt,
mein Mann hat es oft überfahren
und dann und wann ins Tal geguckt.

So sah er mich beim Reisigsammeln
in meinem blauen Schürzenkleid,
er wollte mich von oben angeln,
doch ich, ich war noch nicht so weit.

Beachtete den goldenen Haken,
der lange von der Brücke hing,
fast gar nicht und ich ließ ihn warten,
was war er für ein Sonderling.

Doch eines morgens nach dem Wecken,
die Sonne strahlte bis ins Tal,
sah ich ihn weit herüber recken
und danach kam der freie Fall.

Ich bin dann aus dem Haus gelaufen,
er flog nur noch mit halber Kraft,
fiel mitten auf den Reisighaufen
und hat mir gleich den Hof gemacht.

Schnell setzte die Gewöhnung ein,
denn aus dem Tal gibt's kein Entkommen,
ich ließ ihn bald ins Haus hinein
und habe ihn dann ganz genommen.

So leben wir seit sechzehn Jahren,
direkt hier unterm Viadukt,
wär'n sie nicht durch den Zaun gefahren,
hätten sie nicht hereingeguckt.

Digitales Finden

Ist in den Zellen eines jeden Leibes,
gleich, ob des Mannes oder Weibes,
ganz haargenau alles enthalten,
über das Wesen und Verhalten,
so kann man doch nur eben leben,
wie es die Gene ein'm gegeben.

War in mir wohl gar nicht vorhanden,
was andere für wichtig fanden
und war manch Vorwurf unberechtigt,
weil von Natur aus nicht ermächtigt,
ich einfach nicht veranlagt war,
bin wie ich bin, unwandelbar.

Was einerseits nach Freispruch klingt,
ihr, wenn es passt Vergnügen bringt,
die es so wünscht, wie ich gepolt,
findet bei mir, was sie gewollt,
nur sich zu finden ist so schwer,
denn keiner zeigt sich richtig her.

Viel besser wäre es doch man
sagt statt des Namens sein Programm,
reicht sich nun statt Visitenkarten,
den Chip mit seinen neuesten Daten.
Nur wie geht es dann wirklich los?
Mein Kennwort heißt „Bedingungslos“.

Wie die Zeit vergeht

Mit dem Tropfen auf der Wimper
sah ich sie zum ersten Mal,
ein Schauspiel war's von Harold Pinter,
viele Menschen war'n im Saal.

Ihre zarten Hände strichen
ab der salz'gen Tränen Nass,
ich bin nicht von ihr gewichen
mit dem neuen Opernglas.

Sah die Blässe ihrer Lippen
und das Grübchen an dem Kinn,
ihren Hals aus weißem Marmor,
sog es ein und schmolz dahin.

Dann fiel der Vorhang sanft hernieder
und der Applaus hat mich erschreckt,
ich hab' das Opernglas dann wieder
ins schwarze Futteral gesteckt.

Ja, und heute sitzen wir zusammen
und sie guckt durchs Opernglas,
ich schau vorne auf die Bühne,
dort sitzt lesend Günter Grass.

Modernes Stadtverhältnis

Ihr Angebot sie zu besitzen,
kam Donnerstag um neunuhrzehn,
die Email nahm er an im Sitzen
und ließ nur kurze Zeit vergehn,
verließ das Haus um neunuhrfünfzig,
und lief zur nächsten Straßenbahn,
denn er ist immer äußerst pünktlich
und kam um zehnuhrzwanzig an.

Er schellte zehnuhrvierundzwanzig,
es dauerte fast zehn Sekunden,
sie war nicht sonderlich romantisch
und hatte ihn sogleich gefunden.
Um zehnuhrdreißig legte er,
die rechte Hand auf ihren Schoß,
sie wusste wie die Zeit verstrich,
denn elfuhrzehn musste er los.

So liebte er sie knappe dreißig
und dann noch einmal fünf Minuten,
denn er ist immer äußerst fleißig,
gibt lieber mal zuviel des Guten.
Die fehlenden noch fünf Minuten,
vergingen zwischen Bad und Tür,
er musste sich jetzt wirklich sputen,
Verständnis fand sie nicht dafür.

Und wie sie sicher schon vermuten,
es fehlten uns sehr zum Verdruss,
mal wieder diese zwei Minuten,
für einen richt'gen Abschiedskuss.

Eine schöne Entwicklung

Mit dem Chlorophyll im Ohr
kam es ihm schon komisch vor,
auch die Äste an den Armen
sollten ihn rechtzeitig warnen.

Mit der Rinde auf der Brust,
wurde es ihm dann bewusst
und die Wurzeln an den Füßen,
ließen ihn dann alles wissen.

Heute steht er ruhig im Winde,
voll in Blüte nun als Linde.

Böser Service

Kommt mein Gehirn einst zum Recycling
und wird mit anderen vermischt,
denkt es mit Sicherheit an diesen Feigling,
der mir die Gulaschsuppe aufgetischt,
ohne den Suppenlöffel beizulegen,
wünschte er grinsend „guten Appetit“,
so hielt er es sein ganzes Kellnerleben
und spielte der Gesellschaft kräftig mit.

Ein ungewolltes Geschenk

Verteilte der deutsche Staat
das nukleare Potential,
auch wenn ihn keiner darum bat,
wir hätten alle allemal
soviel davon, dass jeder sich
und auch den lieben Nachbarn mit,
zumindest aus dem Gleichgewicht
vielleicht ein kleines bisschen mehr ...

Seltsame Vorliebe

Mein Mann liegt in Aspik,
ich hatte ihn so lieb.
Jetzt so im matten Licht,
ich weiß noch immer nicht,
warum nur der Moment
der uns sodann getrennt.

Mein Hund liegt ausgestopft,
ich streichle seinen Kopf,
das schöne braune Fell,
vermisse sein Gebell,
die Glasaugen verträumt,
er war mein bester Freund.

Mein Papagei steht stumm
auf einem Ast herum.
Die Federn kunterbunt
und unter'm Schnabel rund,
stopft Sägemehl die Brust,
er ist mir ein Verlust.

Mein Sohn wächst noch heran,
ich weiß schon irgendwann ...

Mobile Einsamkeit

Die Autobahn war leicht verschwenkt,
zwei Richtungspfeile wurden Schlangen
und irgendeiner abgelenkt,
musste wohl um sein Leben bangen.

Hatte vielleicht von seinem Kind geträumt
oder ins Knäckebrot gebissen,
jetzt wird die Unfallstelle aufgeräumt,
mehr wollen wir doch gar nicht wissen.

So warten wir im bunten Blech
und sehn die Scheibe voller Fliegen,
die Stundenkilometerzeit ist schlecht,
sie wird gar unter sechzig liegen.

Der Nebenmann in seinem Wagen
ist mir so fern wie der im Fernsehn,
ich könnte ihn nach der Familie fragen,
er würde es ganz sicher gern sehn.

Doch ich, ich mache lieber meine Nägel sauber
und warte, dass es endlich weiter geht,
drehe das Radio noch etwas lauter
und sehe nach, was in der Zeitung steht.

Modernes Theater

Kasper haute mit der Klatsche
meinem Heini auf den Kopf,
nicht, dass ich besonders tratsche,
doch er hängt bis heut' am Tropf.
Warum die Brutalität,
wenn es ums Theater geht.

Die Marionette weinte
mit den Zuschauern im Saal,
Tränengas sie so vereinte,
die Regie war epochal.
Warum die Brutalität,
wenn es ums Theater geht.

Auf der Bühne sprengte
Wilhelm Tell den Apfel weg,
Reihe eins versengte
jeden Abend, das war Pech.
Warum die Brutalität,
wenn es ums Theater geht.

Man fand keinen neuen Hamlet,
achtzehn waren nun schon tot,
jeder wollte für sein Billet
einen schönen Heldentod.
Will man die Brutalität,
wenn es ums Theater geht.

Hasenschicksal

Ich fahre schon seit vierzehn Tagen
über ein kleines Hasenfell,
der Hase hat es gern getragen,
er war nur leider nicht so schnell,
um dieses kleine Fell zu retten.

Ich fahre schon seit vierzehn Tagen
über das kleine Hasenfell,
zuerst konnte es Kopf und Kragen,
von oben grau, von unten hell,
noch in den Himmel recken.

Ich fahre schon seit vierzehn Tagen
über das kleine Hasenfell,
ich spüre es nur kaum im Wagen,
der Reifen überfährt es schnell
und walkt es immer kleiner.

Ich fahre schon seit vierzehn Tagen
über ein kleines Hasenfell
und könnte heute nicht mehr sagen,
wo es wohl lag so grau und hell,
doch danach wird mich keiner fragen.

Der Motorrad-Crack

Schon bei 80 km zeigte sich,
sein Gesicht zog leichte Falten
und die Haare wollten nicht
seine braune Welle halten,
auch Pomade half da nichts.

Dann bei 100 km wurde deutlich klar,
seine Nase bog nach oben,
seine Augen wurden starr.
Auch sein Kinn schien leicht verschoben,
nur sein Wille war noch da.

Erst bei 150 km sah man ihn,
mit dem angeborenem Mechanismus,
seine ganzen Kopf einzieh'n,
sah nur Schultern über'm Lenker,
sah er aus, wie frisch vom Henker.

Leider gibt es da wohl ein Problem,
auch bei allerklarsten Wetter,
konnte er die nächsten Ampeln,
nicht durch seine Rippen seh'n.

So ist es in der Familie

Was denkt der Hofhund wohl, wenn er im Mondschein liegt
und mich mit dir vor deiner Haustür sieht,
er denkt mit Sicherheit wie ich,
ach warum ziert sie sich, ach warum ziert sie sich.

Was denkt der Kater wohl, wenn er im Lehnstuhl liegt
und mich mit dir an deinem Fenster sieht,
er denkt mit Sicherheit wie ich,
ach warum schnurrt sie nicht, ach warum schnurrt sie nicht.

Was denkt der Vater wohl, wenn er im Garten liegt
und zu mir sieht, wie du dich an mich schmiegst,
er denkt mit Sicherheit für sich,
warum hab' ich sie nicht, warum hab' ich sie nicht.

Was denkt die Mutter wohl, wenn sie den Vater sieht,
wie er mit großen Augen auf dem Rasen liegt,
sie denkt mit Sicherheit wie ich,
ach warum mäht er nicht, ach warum mäht er nicht.

Denken kann man alles

Wäre gern Tulpe statistisch gesehen
oder ein Hamster, ließ man es geschehen,
manchmal nur Hörnchen, wenn ich es will,
ungern ein Ziegel, nur rostrot und still.

Könnte als Schürze Karriere machen,
hätte als Stöpsel ein wenig zu lachen,
trifft mich als Löschblatt das große Glück,
bin ich als Kragen besonders verliebt?

Hält man mir Treue als Klingelschild,
will ich's als Reibe besonders wild
oder nur eben so, wie ich es kann,
leise und hilflos als Ehemann.

Mieser Frauenanschleicher

Er kam so schräg von hinten,
als könnt' er sie nicht finden,
sagte aus vollen Lippen,
gestatten, darf ich bitten.

Nun, mit etwas Toleranz
überstand sie diesen Tanz.

Der Bogen strich die Geige,
da stand er schon, nicht feige,
nahm lässig ihren Arm,
die Hand war reichlich warm.

Nun ... mit etwas ...

Er strahlte schon von Ferne,
naja, er tanze gerne,
befühlte ihre Hüfte,
versprühte Essensdüfte.

Nun ... mit etwas ...

Blieb gleich bei Tische stehen,
man sollte sich mal sehen,
versuchte dann den Wiegeschritt,
sie ließ ihn stehn, er war Verschnitt.

Küssen ist gefährlich

Ihr Wahrzeichen ist ein goldener Backenzahn,
mit einem kleinen Brilli dran,
den schont sie sehr beim Kauen.
Es gab ihn nicht auf Krankenschein,
drum hält sie ihn fast klinisch rein,
er darf ihr nicht ergrauen.

Ihr Wahrzeichen ist ein goldene Backenzahn,
mit einem kleinen Brilli dran,
den sie sich mit der Zunge nahm,
sie küsste einen reichen Mann.
Der Reiche hat es nun gelernt,
wie es so ist, wird man entkernt.

Im Wartezustand

Der Teich aus dem die Babys kommen,
im Himmel hoch ist überfüllt,
ich habe mich schon freigeschwommen
und bin von Engelein gestillt.

Der Klapperstorch, mein alter Freund,
steht neben mir und sucht nach Fröschen,
wir Babys planschen leicht gebräunt,
den Durst mit Coca Cola löschend.

Die Anfrage nach kleinen Kinder
ist wieder einmal abgeflacht,
willst du zu Schwarzen oder Indern,
du wirst sofort hinabgebracht.

Doch ich will eine weiße Mutter,
mit blondem Haar und langen Beinen,
mein Ziel ist Hamburg, nicht Kalkutta,
ein Federbett aus reinem Leinen.

Und wünscht ihr keinen Sohn auf Erden,
ich habe hier schon meinen Spaß,
kann später auch noch glücklich werden
bei einer Mutter auf dem Mars.

Landleben mit Schürze

Ohne seiner Oma Schürze
hätte er ein anderes Leben,
darum will er hier in Kürze
die Geschichte wiedergeben.

Er wuchs zwischen Mensch und
Tieren,
vierzehn Hühner und ein Hund
auf und kroch auf allen Vieren,
durch die Heide, ohne Grund,
mangelhaftes Stehvermögen,
dazu meistens etwas nackt,
zeichneten sein frühes Leben,
wortlos ohne viel Kontakt.

Kam dann wirklich mal ein Nachbar,
vielleicht nur um Milch zu bringen,
kroch er immer, sofern machbar,
wenn sie an die Türe gingen,
unter Omas Küchenschürze,
sah durch einen kleinen Spalt,
roch auch etwas Maggiwürze,
fühlte sich in Sicherheit.

Er wuchs manchen Zentimeter
in die Höhe, in die Breite
und so zwanzig Jahre später,
alle suchten längst das Weite,
sah er sie beim Pilze suchen,
er die Schürze überm Kopf,
zwischen Heidekraut und Buchen,
manchen Butterpilz im Topf.

Ja - jetzt trägt sie Omas Schürze,
er noch immer wie bekannt,
riecht so gern noch an der Würze,
wirkte manchmal angespannt.
Sollte abends ihr Besuch
viel zu spät nach Hause gehen,
sitzt er unter diesem Tuch,
hat sie durch den Spalt gesehen.

Ohne seiner Omas Schürze
hätte er ein anderes Leben,
würde es in dieser Kürze,
diesen kleinen Vers nicht geben.

Warum hat Niemand hierüber gesprochen?

Hatte Frau Holle Abitur?
War Hans im Glück alternativ?
Kam Aschenputtel noch zur Kur?
War Rosenrot gar primitiv?

Hatte Schneewittchen menstruiert?
Kam „Tischlein deck dich“ von IKEA?
Hat Hänsel Gretel angerührt?
cremten die Zwerge mit Nivea?

Hieß Zwerg Nase hinten Muck?
Trug der Kater auch Sandalen?
Trank Dornröschen manchen Schluck
und ließ Rübezahl bezahlen?

Wusch Rapunzel mit Shampoo,
die Prinzessin so zum Scherze?
Und gab Froschkönig erst Ruh
nahm auch Aladin die Kerze?

War Däumling Rumpelstielschens Vater?
ging Sindbad auch mal mit Alice?
Ob in Geschichten oder im Theater
was sich so noch entdecken ließe.

War ET der Sohn von Reagen,
wollte bis heute keiner sagen.
Amerikaner werden meist verlegen,
es bleiben viele offene Fragen.

Nur aufs Laufen konzentriert

Am Ende fand er sie am Anfang,
er lief des abends gern am Strand lang,
der Stelle, die so ungewöhnlich brandig,
da lag sie, halb entblößt und reichlich sandig
und bückte sich zu ihr gemächlich,
galt doch sein Abendlauf ursächlich,
des eigenen Körpers guter Pflege
und nicht zu finden, was am Wege.
Und wie auch immer ist der Zustand,
der, der er sich gerade zuwand,
letztendlich eben doch nicht wichtig,
denn hier ist wieder einmal offensichtlich,
wie leicht des Menschen starke Neugier,
zusehen was am Strande neu hier,
um dann mit ungetrübten Schwunge,
tief atmend und mit voller Lunge,
dem Ziele schnell entgegen strebend,
doch hoffend, dass ein anderer lebend
ihr an dem vorgenannten Strande,
zur Hilfe kommt, wie hierzulande
wohl eben meistens üblich ist,
doch manchmal offensichtlich nicht.

Ein hartes Schicksal

Ich bin der Tropfen Kunibert
mein Leben scheint erwähnenswert,
ich trieb bei reichlich südsüdwest
in einer Wolke eingepresst
von Island übers Skagerak,
mit tausenden von Freunden – nackt.

Wir hielten uns mit beiden Händen
kopfüber an den Wolkenwänden
und starrten auf die weiten Meere,
ob es denn nicht bald trocken werde.
Als Petrus uns zum Abschied grüßte
sagte er streng, ihr fliegt zur Wüste.

Wir flogen über Dänemark
und meine Arme schmerzten stark,
wie sollte ich noch bis zum Süden,
in dieser Wolke nicht ermüden.
Mein Nebenmann hakte mich unter,
er war leicht trübe, aber munter.

Doch über Hamburg schlief ich ein
und mit der größten Seelenpein
fiel ich herab aus meiner Wolke
und regnete dem deutschen Volke.
Doch tröpfelte ich nicht ins Gras,
ich stürzte in ein Whiskyglas.

Und dieses Glas, das einer trug,
der trank es aus, in einem Zug.
Mit mir dem Tropfen Kunibert,
mein Leben war erwähnenswert.
Zur Zeit schwimm' ich in seiner Blase,
bis Morgen in der Kläranlage.

Privates Theater

Mit viel Blässe im Gesichte
liegt sie mir in ganzer Gänze
so vor meinem Angesichte
schön umgeben von Gekränze
und beleuchtet von Gekerze
lang in schwarzer Abendrobe
bricht mir freilich schwer am Herze,
einmal nur schon so zur Probe.

Wovon ich euch hier berichte,
ist doch alles nur Geschichte.
Sie steht da in voller Größe,
so vor mir mit etwas Blöße
und will einfach was erleben,
ich bin immer noch verlegen.

So war es dann wohl auch

Das Beste was die Erde trägt
geht neben mir an meinem Arm,
sie hat mir so mein Herz bewegt
ich halte sie für immer warm

Sie hat so angenehme Einzelheiten
und soviel Güte im Gesicht,
sie ist ganz ohne Eitelkeiten
und gerade richtig im Gewicht

Aus ihrem Augen strahlt die Liebe,
ist ihre Stimme doch wie Samt,
damit sie immer bei ihr bliebe
geh'n wir direkt zum Standesamt

Zur Beachtung

Der Irrtum ist des Menschen Parasit,
begabt sitzt er im Netzwerk der Gedanken,
Spielt bei Entscheidungen ganz kräftig mit,
bringt manche Vorstellung ins Wanken.

Des Irrtums Gegner ist das Wissen,
besteht aus lernen und Erfahrung,
doch manch' Gedanke wird zerrissen
und dient dem Irrtum wohl als Nahrung

Der Irrtum kommt manchmal als Lüge,
obwohl es gar nicht seine Absicht ist,
man hat den Eindruck er betrüge,
so ist es eben mit des Irrtums List.

Mal kommt der Irrtum auch als Spaß,
und alle haben heftig was zu lachen
gibt machen der dann abseits saß,
um die Gedanken zu bewachen.

Der Irrtum ist des Menschen Parasit,
bedenke immer, kannst du sicher sein,
das Unwissen spielt auch noch mit,
sonst sitzt du eines Tages ganz allein.

Eigene Gedanken

Bist du der, den du dir dachtest
schon zu sein oder erst machtest,
was du anderen erzählst,
was zuviel oder dir fehlt.

Bist du mitten oder einsam,
mehr allein oder gemeinsam,
da wo viele oder nicht,
Dunkelheit oder mehr Licht.

Willst du oben oder unten,
leuchtend oder nicht gefunden,
mit oder auch ohne Zweck,
träumend oder aufgeweckt.

Kannst du sein wie du es willst,
bist du Blume oder Pilz,
bist du Kummer oder Glück,
ziehst du vor und nicht zurück.

Willst du hören oder sprechen,
biegen oder lieber brechen
Anfang oder jetzt am Ende
gebe dich in gute Hände.

Naturkonzert

Beim Gewitter ist der Blitz Kapellmeister,
er gibt überdeutlich sein Signal
und die dunkle Wolken spielen immer dreister
und wir Menschen haben keine Wahl.

Hören überlaut die Trommeln schlagen,
Becken scheppern immer schriller,
mögen uns nicht aus dem Hause wagen,
auch die Tierwelt lauscht ergriffen stiller.

Und im zweiten Satz rauscht dann der Regen
zart als Hintergrundmusik hernieder,
auch des Hagels Töne sind verwegen,
leider alles unbekannte Lieder.

Irgendwann ist das Konzert beendet,
trauen wir uns wieder aus dem Haus,
von der hellen Sonne leicht geblendet,
und was fehlt – die Dankbarkeit und der Applaus.

Zeitgeschichte

Früher ging es in die Kirche,
Jesus hing schon im Gebälk,
Kirchentür grüßt mit Geknirsche
und die Glocke hat geschellt.

Innen warten harte Bänke,
Bibeln stehen aufgereiht,
ohne Service und Getränke,
das war eine schwere Zeit.

Früher hieß es immer leise,
nur der Pfarrer durfte reden,
sprach in altbekannter Weise,
warteten auf seinen Segen.

Heute geht es zu McDonalds,
alles fröhlich kunterbunt,
auch die Gäste sind nicht so alt,
reden laut mit vollem Mund.

Mutter geht schnell Donuts kaufen,
Vater reibt sich seinen Bauch,
sieht die Nachbarn herumlaufen,
ja, das ist der feiner Brauch.

Und nach satten ein, zwei Stunden
werden Kinder durchgezählt,
hat man seinen Spaß gefunden,
– nur der Segen hat gefehlt.

Ende

Es kommt der Zeitpunkt meines Lebens,
an dem alle Gedanken schon gedacht,
an dem Gefühle oft vergebens,
zum falschen Zeitpunkt sind erwacht.
Und die Erfahrung führt die Hand,
Spontanität ist längst verschüttet,
vor diesem Tage wird mir bang,
nur noch von fremder Hand behütet.

Es kommt der Zeitpunkt meines Lebens,
da ist fast alles schon gesagt,
nur Wiederholung des Erlebens,
gibt keinen der es hören mag.
Wird mich das Schweigen dann besiegen?
Vereinzelt Bilder noch im Kopf,
die letzten Tage einsam liegend,
die einz'ge Bindung hält der Tropf.

Wechselhaftes Dorfleben

Wilhelm war vom Wandern wütend,
denn Hermine kam nicht nach.
Sie blieb in der Sonne brütend,
stehen vor dem Schlafgemach,
dieses Einödbauern Franz,
hielt so gar nicht auf Distanz.

Wilhelm sah noch wie Hermine,
kroch auf's braune Fenstersims,
er ging los mit bitt'rer Miene
und mit lauterem Geschimpf.
Soll doch Einödbauer Franz,
nehmen diese dumme Gans.

Wilhelm - jetzt ohne Hermine,
die beim Einödbauern Franz,
lebte nun, wie es ihm so schiene,
in dem Haus mit neuem Glanz.
Auch die Einöd war verschwunden,
hat beim Wilhelm Platz gefunden.

Wilhelm war jetzt täglich wütend,
ging er an dem Haus vorbei,
sah sie brav die Schafe hütend,
strahlend und ganz sorgenfrei.
Und was sagt uns dieser Reim,
allein zu sein, ist schon gemein.

XXX

Auch in meiner Trainingshose kann ich nicht schneller denken

Der Busen ist auch nicht immer der Nabel der Welt.

Schütte deine Sorgen in ein Gläschen Wein – und er wird noch saurer.

Der Morgen kämmt mir die Gedanken
und will sie fröhlich seh'n,
so lasse ich sie einfach Ranken
und will sie nicht so früh versteh'n.

Küchengeräusche

Der Koch lag auf der Köchin,
die Haxe auf dem Grill,
wen hörte man nur röcheln?
Die Haxe schien mir still.

Die Sprache verliert an Wert

Unter Umgehung der üblichen Fragen,
wie heißt du,
wo wohnst du,
was gibt's noch zu sagen,
streichelt sie zart meinen lockigen Kopf
und öffnete langsam den Blusenknopf.

Das Leben ist so ungerecht

Es war die Liebe zwischen zwei Ungleichen,
er war Spazierstock eines reichlich Reichen,
sie war die Zuckerrübe eines armen Bauern
und musste ständig in der Erde kauern.

Sie lernten sich am zehnten Juni gegen Mittag kennen,
des Reichen Namen kann ich leider nicht benennen,
vergaß den Stock nach einer kurzen Ruhepause
und ging dann wohl ganz ohne Halt nach hause.

Das Wetter wurde nachmittags dann etwas trübe,
da fiel der Stock ganz langsam auf die Zuckerrübe,
hier liegt er mindestens schon 18 Tage,
die Rübe sandig, immer in der Unterlage.

Es braucht bei Rüben eben meistens etwas länger,
obwohl des Stockes Leben vorher weitaus strenger
zu fühlen, was sich oberhalb danieder legte
und sich in ihrem Herzen schon mal was bewegte.

Nun - irgendwann kommt ja die Ernte
man ohne Zaudern schnell den Stock von ihr entfernte,
obwohl er doch so eng mit ihr verbunden,
hat man den Stock des Reichen rasch gefunden.

So trennte man, die sich so glücklich mal gefunden,
der Stock ging mit dem Reichen wieder seine Runden,
die Rübe ist inzwischen feinen Zucker
und dient dem Reichen jetzt als Futter.

Weisheitsempfehlung

Was wichtig ist im Leben,
schon etwas vorbereitet,
wird später sich ergeben,
so darauf hingeleitet.
Eventualitäten
vors Auge schon geführt,
schon einmal im Konkreten,
inniglich aufgespürt.
So einige Momente
für's wirkliches Geschehen,
das wirklich Immanente,
dann endlich zu verstehen.

Jugendliche Freundschaft

Mein Herpes führt seit Wochen schon ein Eigenleben,
mal ist er bei mir, manchmal auch auf anderen Wegen.
Zuletzt begleitete er eine Zartbrünette,
geschminkt sah ich ihn abends bei der Spättoilette.

Zuvor war er der Vormund meiner Schwippcousine,
sie trug ihn mal mit bitt'rer, mal mit süßer Miene,
doch dann behandelte sie ihn mit der falschen Creme,
nun sitzt er da und fragt ob ich ihn wieder nehme.

Nun - morgen gehen wir in meinen Sportverein,
da wird er schon nach Stunden nicht mehr einsam sein
und ist am Wochenende wieder ein Turnier,
mit Sicherheit verlässt er wieder das Revier.

Mit meinem Herpes ist es fast wie mit dem Hunde,
er sitzt ganz treu, zwar nicht bei Fuß, sondern am Munde
und sollte er demnächst noch einmal wiederkommen,
ein solcher Freund wird immer wieder aufgenommen.

Es muss mal gesagt werden

In Hamburg sind die Nächte
so gar nicht wie man möchte.
Ein Schiff liegt an der Mole,
den Bauch nur voller Kohle.

Der Käptain riecht nach Teer,
das will man auch nicht mehr.
Daneben steht ein Kran,
der hebt schon wie im Tran.

Und sitz man mal am Elbestrand
die Mädchen blicken in den Sand,
Die Jungen bolzen mit dem Ball,
das hat man wirklich überall.

Dann aß ich mich am Labskaus satt
und sprach sie an, sie sprach nur platt,
und meinte nur, mit der Krawatt,
da gib's bei mir keinen Rabatt.

Und später auf der Reeperbahn,
war eine mir dann zugetan.
Champagner floss in Strömen,
ich musste kräftig löhnen.

Am Fischmarkt, morgens in der Früh,
das Wasser stand mir bis zum Knie,
die Elbe hat ganz ungebeten,
einfach das Ufer übertreten.

Nee!

In Hamburg sind die Nächte
so gar nicht wie man möchte.
Drum geh ich jetzt nach Pinneberg,
da ist der Mann noch etwas wert.

Tägliche Mitteilung

Dieser Text ist schon von gestern,
doch du machst dir keine Sorgen,
denn was heute von mir kommt,
macht dir keinen Vers auf morgen.

Ganz Natur

Manchmal bin ich wie ein Baum,
stehe ruhig und denke kaum,
manchmal bin ich wie ein Zweig,
Dir schon etwas zugeneigt,
manchmal bin ich wie ein Blatt,
falle gelb und etwas matt,
Dir in Deinen runden Schoß,
liege hier ganz regungslos.

Man braucht zuverlässige Partner

Mein Ski zeigt kühl dem Schnee die Kante
Und ich steh' ahnend oben drauf
Denn er läuft eine neue Variante,
das Schicksal nimmt nun seinen Lauf.

Der Stock bohrt kleine Augen in das Eis
Das Gleichgewicht ist längst gewichen,
auf meiner Stirn tropft schon der Schweiß,
ich sehe aus wie frisch gestrichen.

Der Skischuh hält mich wie ein Held,
ächzt unter vielen Bodenwellen
und manchmal hat's mich quer gestellt
er lässt mich einfach nicht zerschellen

Zur Bindung hab' ich enge Bindung
Sie hält mich fest als guter Freund
so kostete es manch Überwindung
Wir haben keinen Hang versäumt.

Mein Anorak ist wie mein bester Freund
Er hält zu mir bei Wind und Regen
Bisher hat er noch keinen Tag versäumt
Ich werde uns're Freundschaft weiter pflegen

Der Gips wartet vergeblich im Regal
Er sehnte sich nach meiner Wade
Das ist mir wirklich jetzt egal
Es ist geschafft - ich hocke jetzt im Bade

Wie soll man sich vertrauen

Beim Versuch mir mit dem linken
Finger in mein rechtes Ohr
einen Bügel einzuklinken,
kam der Rechte mir zuvor.

Optik ist wichtig

Bei der Fülle seiner Formen
war die Fülle seiner Macht
unter den bekannten Normen
und es wurde viel gelacht.

Nachbarschaftshilfe

Er düngte grad den Feldsalat
und zupfte streng den Wegerich,
da platzte seine Hosennaht,
die Röte stieg ihm ins Gesicht.

Das sah die holde Nachbarin,
die so fürbass am Zaune stand,
sie schaute öfter zu ihm hin,
drum sie folgende Worte fand.

„Oh lieber Nachbar der du bist,
als Schneiderin bin ich geboren,
gib mir die Hose mit dem Riss,
der Tag bleibt schön, ist nicht verloren“.

Da stand er nun im Feldsalat,
von diesem Schicksal halb benommen,
die Hose hielt er im Spagat,
war sie schon durch den Zaun gekommen.

Und während er noch überlegte,
nahm sie ihm schnell die Hose weg
er sah wie sie ganz eifrig nähte
und hielt sich untenrum bedeckt.

Und die Moral von dem Gedicht,
denk immer bei der Gartenpflege
die Schuld hat meist der Wegerich
er sitzt im Sand und ist nicht träge.

Dem Haarerbe kann man nicht entweichen

So lebe ich schon viele Jahre
unter den Wurzeln meiner Haare,
ich bin der Humus der sie treibt,
sie wachsen gern auf meinem Leib.
Ein Teil von mir lebt nur für sie
und dank der Düngung mit Chemie
wurde aus meinem schütt'ren Haar
ein Meer von Locken, wunderbar.

Ich lebe schon so viele Jahre
untern den Wurzeln meiner Haare,
ich bin die Erde, die sie trägt,
ich bin der Gärtner der sie pflegt,
und trage sie frisch shampooniert
vielleicht zu dir und garantiert
greifst du hinein ins Kräuselhaar,
mein Meer der Locken, wunderbar.

Ich lebe schon so viele Jahre
und nun verlassen mich die Haare,
obwohl ich täglich tröpfchenweise
mit der Pipette sie umkreise,
liegen sie blass und äußerst schwach,
so neben mir im Schlafgemach.
Und streichelt du dann diesen Rest
auf meiner Kopfhaut - nicht zu fest.

Nun lebe ich schon viele Jahre
nur mit den Wurzeln meiner Haare.
Sie selber haben mich verlassen,
zuerst nur einzeln, dann in Massen
und zeigst du Fotos aus der Zeit,
wie ich am Elbufer zu zweit
mit meinem kahlen Vater stand,
da wurde mir dann auch bekannt,
was mich so sehr mit ihm verband.

Neue Ideen in Natur

Wenn nun die Bromm-
mal mit der Stachelbeere
und sich die Brech-
mal mit der Kaffeebohne,
das wär' nicht ohne.

Oder die Stach-
jetzt mal als Brechelbeere,
vielleicht die Kaff-
mal mit der Brommelbohne,
auch nicht so ohne.

Oder eine Bohne,
statt einer Beere aufbinden,
oder den Kaffel,
statt einer Brechel finden,
so zwischen Linden.

Vielleicht die Brommel
mit der Brechel austreiben
oder den Kaffel
mit einem Stachel beweiben,
nur sehr bescheiden.

Am liebsten alle an einem Zweig,
hätten mehr Nähe
und treffen sich leicht.

Bildgeschichte

Der erste Rahmen den es gab
war klein und silbern matt
und wie ich in der Mitte lag,
so friedlich und so satt,
erschien ich nimmer mehr.

Der zweite Rahmen war aus Holz,
ich halb verdeckt durch die Schultüte,
im Auge schon der erste Stolz,
die Kleidung nur von minderer Güte,
es ist so lange her.

Der dritte Rahmen fehlte ganz,
ich war nur hinter mattem Glas,
wir standen steif zum ersten Tanz,
du semmelblond und blass,
ich mochte dich so sehr.

Der vierte Rahmen war gelackt
und ich stand farbig und gekämmt,
du hattest mich noch angelacht,
doch tags darauf von mir getrennt,
du fehltest mir so sehr.

Der nächste Rahmen, braune Eiche,
ich hinter dir am Nordseestrand,
das Bild zeigt wie ich dich erreiche,
ein Blumenstrauß in meiner Hand,
du sagtest glücklich danke sehr.

Der neue Rahmen ist noch leer,
ich hoffe täglich auf dein Bild,
das Warten fällt mir wirklich schwer,
du kommst zurück, was will ich mehr.

So ist Bauernliebe

Du bist so struppig Lieselotte,
auf deinem Kopf und überhaupt,
ich finde nicht die kleinste Locke,
auf deiner Nase liegt gar Staub.

Du bist so kauzig Lieselotte,
in deinen Augen blüht der Schalk,
die Haut getönt nah der Karotte,
den Bauch gefüllt mit einem Balg.

Du bist so duftig Lieselotte,
in deinem Mantel steckt ein Strauß,
den er dir gab in die Klamotte,
von ihm gepflückt am Gartenhaus.

Du bist so zärtlich Lieselotte
und deine warme, weiche Hand,
liegt in der seinen und man trottet
direkt durchs Feld zum Standesamt.

Du bist so träumend Lieselotte,
und ich verspreche Dir ganz fest,
wir liegen stets in meiner Grotte,
für immer schön in meinem Nest.

Eine feine Familie

Er Hahn im Korb,
das Huhn im Topf,
das Kind im Heim,
dein Mausilein.

Der Vater blau,
die Mutter fremd,
der Hintern rauh,
alles geschenkt.

Der Kühlschrank leer,
die Alte fort,
wo kommt er her,
ein schlimmer Ort

Die Verlassene

Dein Gesicht voll Geist und Seele
sitzt im Rauch und schaut zu mir,
du sitzt da mit trockener Kehle,
wie ein blinder Passagier.

Es passierte erst vor Stunden
und dein Blick ist müd' und trüb,
wie verheilen deine Wunden,
ohne den, den du geliebt.

Er ging ohne es zu sagen,
schlug die Tür nur leise zu,
wollte sich doch längst vertragen,
warum kam es nicht dazu?

Er war froh mit weißen Zähnen,
er war warm mit brauner Haut,
er war still mit salzigen Tränen,
und Du hast ihm so vertraut.

Sitzt nun träumend und allein
und nach Hause willst Du nicht,
macht Dir alles keinen Reim,
reibst Dir müde das Gesicht.

Doch nun geh aus dieser Kneipe,
auch mit traurigem Gesicht,
suche lieber schnell das Weite,
hoffe er kommt bald zurück.

Der Schlachterfahrer

Das arme Schwein hängt neben Seinesgleichen,
nicht auf dem Weg zu seiner Ruhestätte,
es musste einfach aus dem Leben weichen,
weil man doch dringen was zu essen hätte.

Das tote Schwein besteht nun aus zwei Hälften,
die Linke vorn, die Rechte weiter hinten,
man kann ihm leider nicht mehr helfen,
so zweifach hängend unter Gleichgesinnten.

Der Schlachtermeister pfeift ein kleines Liedchen
und hält das Steuer nur mit einer Hand,
ihm schmecken heute wieder seine Schnittchen
und lenkt den Kühlzug sicher übers Land.

Was auf dem Brot liegt, fuhr er vor drei Tagen,
so kennt er alles was die Zunge schmeckt,
es landet fein zerkaut in seinem Magen,
egal ob Schinken oder fetter Speck.

So fährt er schon sein ganzes Schlachterleben,
denn die Belohnung gibt es immer täglich
und kommt er heim von diesen langen Wegen,
dann wartet immer schon sein Fleischgericht.

So denkt man jugendlich

Des rechtens ist es links zu sein,
von keinem nichts genommen,
zumindest für die Zeit – noch klein,
bist noch nicht so verkommen,
zu nehmen was dir nicht gehört,
aus welchem Grund auch immer,
zu fühlen sich ganz ungestört,
mit Vorbildern noch schlimmer.

Die Lösung für deine Zukunft

Der Mensch ist ein dressiertes Wesen,
er muss nicht nur auf Worte hören,
von jedem Schild muss er ablesen,
soll er jetzt bremsen oder stören.

Er wird regiert von weißen Streifen,
von Ampeln die Befehle blinken,
von Händen, die Papiere greifen,
von Armen, die nach vorne winken.

Der Tageslauf steht in Verträgen
und wo du wann zu leben hast,
du musst die Heimat dann verlegen,
oder bist Wochentags nur Gast.

Liegt dein Erfolg an der Dressur,
die du als Kind erfahren hast,
lebst du mit Zwängen deiner Uhr
wird Pünktlichkeit dir nicht zur Last.

Dann ist Erfolg dir wohl beschieden,
der Wunsch der Eltern ist erfüllt
und die Gesellschaft wird dich lieben
dein Konto ist dann bald gefüllt.

Ratgeber für junge Männer

Drum prüfe wer sich ewig bindet,
dass er sie in der Küche findet,
umhüllt mit einer weißen Schürze,
beschäftigt mit der rechte Würze.

Am Anfang sollte man bedenken,
sie nicht sogleich zu groß beschen-
ken,
schön Buntes, dass auch dir gefällt,
was es so gibt, für kleines Geld.

Die ersten Reisen in der Gegend,
du siehst sie gern zu Fuß bewegend,
im Umfeld gibt es manches Rathaus,
man geht hinein und gibt kein Geld
aus.

Und will sie einen Wagen haben,
lässt du dann den Verkäufer sagen,
die kleinen Wagen parken besser,
und sind auch nicht die Dieselfresser.

Du solltest ihr dann bald erklären,
die Liebe dient auch zum Vermehren,
denn schließlich soll'n die Nachbarn
fragen,
schon wieder voll der Kinderwagen.

Und kommst du später in die Jahre,
dann kauft sie dir gesunde Ware,
hilft auch noch bei der Körperpflege
und führt dich auf dem rechten
Wege.

Drum denk' daran, wenn du dich
bindest,
dass du sie auch noch später findest.

Pflegevorbild

Auch die Wurst hat ihre Pelle lieb
und bevor ich diese Zeilen schrieb,
habe ich mich schnell noch eingecremt.

Wichtige Erkenntnis

Der Abbruchunternehmer sah,
wie seine Frau ein Glas zerbrach
und ihm war plötzlich wieder klar,
weshalb er sie so mag.

Liedertext

Immer wenn ich gar nicht denke,
denke ich sofort an dich,
wie ich meine Blicke lenke,
sehe ich doch dein Gesicht.

Immer wenn ich gar nichts fühle,
fühle ich noch deine Haut
spüre noch des Abends Kühle,
sagtest du doch keinen Laut.

Immer wenn ich gar nichts sehe,
sehe ich noch einmal nach,
warum sagtest du ich gehe,
in der wunderschönen Nacht.

Immer wenn ich gar nicht suche,
suche ich doch immer dich,
täglich deinen Namen rufe,
fühle mich so jämmerlich.

Immer wenn ich gar nicht hoffe,
hoffe ich noch auf den Tag,
dass ich dich noch einmal treffe,
weil ich dich so gerne mag.

Liedertext

Sie trug die Haare wie gewachsen
und ihre Wangen glühten rot
und ihre grünen Augen lachten,
ich war nicht in akuter Not,
denn zwischen ihren langen Zähnen
steckte der Schenkel eines And'ren.
Er weinte noch so drei, vier Tränen,
dann aß sie ihn wie Butterbrot.

Die Kannibalin aus der Heide
trug weder Schuhe noch Geschmeide
und in dem Bau aus Kiefernrinde
nennt sie mich Siegfried,
sie heißt Sieglinde.

Sie putzte sich nach dem Verzehr
noch säuberlich den blut'gen Mund,
ich fürchtete sie wollte mehr,
doch sie ging in den Untergrund,
zog mich am Haarschopf hinterher
sortierte Laub für unser Lager,
und über mir ihr Körper schwer,
ich betete, sei kein Versager.

Die Kannibalin aus der Heide
trug weder Schuhe noch Geschmeide
und in dem Bau aus Kiefernrinde,
lag ich als Siegfried bei Sieglinde.

Sie schlief ganz friedlich neben mir
und schnarchte wie ein Sägewerk,
war sie noch Mensch oder noch Tier,
sie hat es mir nicht mehr erklärt,
denn der Verzehr des alten Mannes,
war ihr wohl nicht so gut bekommen,
und ich beschloss dann doch, ich kann es
und bin ihr glücklich noch entkommen.

Die Kannibalin aus der Heide
lag nun allein ohne Geschmeide
Die nächste Mahlzeit wird ein anderer,
vermutlich wohl ein alter Wanderer.

Sprachlose Erkenntnisse

Auf der Suche nach den Stellen,
die vielleicht den Sinn erhellen,
warum ich gerad' am Morgen
sprachlos bin, blieb nicht verborgen,
dass es nicht der Zunge Schwere,
sondern eher des Kopfes Leere.

Zur Erklärung dieser Sitte
unbedingt zur Tagesmitte
Speisen in den Mund zu löffeln,
angewärmt, meist mit Kartöffeln,
kann ich leider wenig sagen,
knurrt mir doch zu sehr der Magen.

Glück gehabt

Und bei kritischer Betrachtung,
so im Rückblick auf das Leben,
fand doch manches kaum Beachtung,
will hier eines wiedergeben,
liegt schon jahrelang zurück,
war'n zwei wichtige Sekunden,
hatte damals wirklich Glück,
habe dich gefunden.

Alters-Schicksal

So schnitt mir doch der liebe Gott
von meinem blauen Lebensrock,
für jeden Jahr ein Stückchen ab
und irgendwann, schon reichlich knapp
wird er wohl Blöße zeigen.

Um dieses zu vermeiden,
ziehe ich Kopf und Glieder ein,
will abseits und bescheiden sein,
ein wenig krumm, mit etwas Wein,
dann auch nicht alt zu lange leiden.

Sehr fraglich

Der Rechenkünstler zählt bis zwei
und anschließend noch mancherlei
zu einem schönen Zahlenwerk
und mancher hat es längst bemerkt,
vier Finger an der linken Hand.
So ist doch allen lang bekannt,
man ist des Zählens so nicht mächtig
und dieser Mann schien hochverdächtig.

4 Sterne-Restaurant

Auf dem Rand von meinem Teller
sitzt ein kunterbunter Specht,
klopfte heftig immer schneller
und es klang nicht mal so schlecht,
auf mein Mousse Chocolat,
war wohl doch schon etwas hart,
hat der Koch wieder gespart?
Ja, wer weiß das manchmal schon,
ist wohl einfach seine Art.

Tierliebe

Wenn im September meines Lebens,
ein zartes Reh an meiner Borke schabt,
dann ist es meistens nicht vergebens
und es hat manchen Spaß gehabt.

Soll es geben

Es gibt Männer die man liebt,
weil man sie im Wagen schiebt.

Es gibt Männer die man liebt,
weil man ihnen Briefe schrieb.

Es gibt Männer die man liebt,
weil man gern bei ihnen liegt.

Es gibt Männer die man liebt,
sind sie doch wie Dynamit.

Es gibt Männer die man liebt,
weil es sie nur einmal gibt.

Dann gibts Männer die man liebt,
wenn man sie von hinten sieht.

Lebensweisheit?

Und ist es auch nur Nebensache,
am Essen kannst du nicht erkennen,
sind sie wohl Starke oder Schwache,
ob sie dir helfen oder rennen.

Der Wahnsinnstyp von nebenan,
mit grünem Haar und goldenen Socken,
ist morgens immer Lebertran
und warme Milch mit Haferflocken.

Die Tänzerin vom Staatsballett,
so zart wie eine Märchenfee,
isst Schweinshaxe vom Küchenbrett
oder auch Hering in Gelee.

Der Rocker in der Vorortsbahn,
mit seiner Lust auf Keilerei,
beim Frühstück ist er tugendsam
und löffelt still ein weiches Ei.

Den Kanzler hoch im Glaspalast,
sieht man zum Honigbrote greifen,
mit seinem ausländischen Gast,
sie kleckern auf die Nadelstreifen.

Und nun zu mir, der ich hier schreibe,
ich esse zu gern Apfelkuchen,
und stehe hier mit einer Reibe,
du solltest mich einmal besuchen.

Vermutungen

So war das Wetter einmal wieder,
so wie das Wetter eben ist
und ich bin wie das Wetter.
Und du bleibst immer wie du bist,

Ja überhaupt bist du viel unabhängiger
von dem was neben dir passiert,
vielleicht brauchst du auch eben etwas länger,
weil es dich nicht so interessiert ,
ob Regen oder Sonne ist.

Frauenschicksale

Bei einigen sind Körper Hüllen,
der Geist bestimmt nur das Geschehen,
bei anderen bestimmen Füllen,
ich habe eine schon gesehen,
die hatte sich von ihrem Geist getrennt,
sie lebte darauf vehement,
bis ihre Füllen litten.
So bleibt dann unbestritten,
die, deren Geist bestimmend war,
sie standen einfach frischer da.

Die letzte Beobachtung

In des Schlundes roter Höhlung,
sah ich bei der letzten Ölung,
wie im Hals des Herrn Kaplan,
eine Reizung Abschied nahm.

Auch sie wollte diesen Zeiten,
mit den vielen Eitelkeiten,
mit den vielen langen Weilen,
möglichst schnell enteilen.

Und so stiegen wir gemeinsam
hoch zum schönen Himmelszeit,
sie sehr reizend, ich mehr einsam,
weg von dieser kranken Welt.

Es muss mal ausgesprochen werden

Überhaupt sind viele Frauen anders,
als es der große Bruder einmal wollte,
war noch die Sache mit der Rippe Anlass,
für den man ihm Bewunderung zollte,
so glitt ihm anschließend das Weib,
schnell aus der vorbestimmten Bahn,
so gaben wir ein Stückchen Leib,
damit man uns die Ruhe nahm.
Und welcher Mann dachte nicht schon,
ach wäre sie doch wieder Rippe,
als verständliche Reaktion,
auf manche allzu freche Lippe.

Das Leiden der jungen Burschen

Zwischen dem Laken seines Bettes
und ihm war eben etwas Nettes.
Nun ist sie fort im krausen Kleide
und er blickt trauernd auf die Weide.

War es die Pflicht, die sie vertrieb,
hatte sie schon genug geliebt,
musste sie schnell zu ihrem Freund?
Er hat dann erst mal aufgeräumt.

Zweiter Eheversuch

Gestern war es wie im Winter,
nur die Sonne war zu warm,
heute sitzt er in der Küche,
die neue Braut in seinem Arm.

Gestern war sie noch die Witwe,
heute macht sie ihm das Bett,
morgen kommen ihre Kinder
und so schmeckt ihm das Omelett.

Leider hatte sie verschwiegen
und so waren es gleich sieben,
alle in der Pubertät,
doch da war es schon zu spät.

Beim Versuch sie zu begrüßen,
schlug der eine kräftig aus,
traten andere mit Füßen,
lief der Jüngste aus dem Haus.

Und nun ist es Übermorgen,
wieder weht ein leichter Wind,
doch er macht mir keine Sorgen,
wo sie wohl geblieben sind.

Trostloser Auftritt

Dieses jämmerliche Lied,
in dem wirklich nichts geschieht,
das so klanglos ist und still,
mit dem Sänger, der nicht will
und dem hölzernen Gereim.
Zeitverschwendung insgeheim.

Vielleicht in der zweiten Strophe
endet dann die Katastrophe.
Liebt sie ihn und er sie auch,
findet sie, was er so braucht,
bringt er gar Geschenke mit,
hat sie so ihr kleines Glück.

Endlich in der dritten Strophe,
warten wir voll Ungeduld,
sitzt sie weich auf seinem Schoße,
hat er sie wohl eingelullt.
Doch dann kommt die kurze Wende,
ist das Lied einfach zuende.

Zusammenleben ist ungerecht

Natürlich liebt die Gans den Fuchs,
sie darf nur nicht zu nah heran
und macht sie einmal den Versuch,
ja was ist dann, dann ist sie dran.

Natürlich liebt der Frosch den Storch,
besonders seine roten Beine,
und wenn er auf das Klappern horcht,
der Schnabel ist dann der Gemeine.

Natürlich liebt der Wurm den Spatz
und wenn er so aus dem Boden guckt,
dann ruft er ihn, komm her mein Schatz
und schon hat der ihn weggeputzt

Natürlich liebt die Maus die Katze
Wenn sie so durch das Zimmer schleicht,
dann hört sie nur noch das Geschmatze
und merkt, oh Schreck ich bin jetzt Leich.

Natürlich liebt der Mann die Frau
und ist so gern in ihrer Nähe,
doch weiß er doch auch ganz genau,
ein falsches Wort - und aus die Ehe.

Kleines Speiseschicksal

Die Kuchenkrume liegt benommen,
nach ihrem endlos langen Sturz,
sie hatte einen Stoss bekommen,
war sie doch eben gerade kurz
zuvor bei einem kräft'gen Biss,
dem langen Schneidezahn entkommen,
indem sie sich zur Seite schmiss,
ist auf dem Tische angekommen.

Jetzt liegt sie auf bestickter Decke,
erholt sich langsam von dem Schreck,
als Krume macht sie keine Flecke,
doch wischt man sie meist einfach weg.
Dabei sind Krumen immer friedlich,
sie füllen wortlos unseren Bauch.
mit Zuckerguss sind sie noch niedlich,
das ist ein jahrelanger Brauch.

Drum achtet auf das Krümelleben,
sie haben dir Figur gegeben.

Ehekrise

Man wird immer so behandelt,
wie man sich behandeln lässt,
man wird meistens so verschandelt,
weil man sich's gefallen lässt,
dann doch besser, man verwandelt
sich und schleicht aus seinem Nest,
lebt neutral und unbehandelt
diesen allerletzten Rest,
seiner Tage und lustwandelt
mit der,
die sich's gefallen lässt.

Merke Dir, was Du wahrnimmst

Was du siehst, musst du bedenken,
kannst Gefühle damit lenken,
kannst mit Freunden drüber reden,
was du nimmst, musst du auch geben.

Was du hörst hat oft Bedeutung,
ist vielleicht für dich Erleuchtung,
sammle Wissen für dein Leben,
kannst auch dieses weiter geben.

Was du fühlst wird dich beglücken,
zeigst du deutlich dein Entzücken,
nimmst es an wie ein Geschenk
und du fühlst dich nie getrennt.

Was du brauchst sei dir gegeben,
genieße damit dein Erleben,
teile es mit deinen Lieben,
denn sie sind auch dir geblieben.

Ratschlag für junge Männer

Aller Umfang ist schwer,
alle Größe zeigt her,
deine Stimme gibt Ton,
gute Sprache gibt Lohn,
kluger Blick zeigt Geschick,
gute Kleidung den Stil,
deine Augen Gefühl,
deine Treue gibt Halt,
du verhinderst Gewalt,
die Familie ist Wert,
wird von innen verehrt,
und du bringst auch Erfolg,
ist von allen gewollt,
also pflege dein Leben,
ist nur einmal gegeben.

Die Sonne ist unser Schicksal

Am Horizont beginnt das Leben,
die Sonne steigt behutsam auf,
es wird sich bald etwas bewegen,
denn so beginnt des Tages Lauf.

Der Wind weht munter seines Weges,
gefüllt mit reichlich frischer Luft,
lässt hinter sich so manch' Belebtes,
von jedem etwas anderen Duft.

Die Sonne schwebt dann so im Kreise
und strahlt uns Wärme auf den Leib,
verhält sich einfach immer leise
und so bestimmt sie auch die Zeit.

Und mittags ist sie dann ganz oben,
hat strahlend ihren Überblick,
wir sollten sie viel öfter loben,
für manchen schönen Augenblick.

Die Erde hat sich dann gewendet,
der Himmel zeigt sich leicht verhüllt,
ist wieder mal ein Tag beendet,
und unser Magen ist gefüllt.

So schlafen wir dann manche Stunde
und hoffen auf ein Wiedersehn,
die Erde dreht dann ihre Runde,
und hoffentlich bleibt sie nie stehn.

Unschuldig am Verhalten

Der Wunsch sitzt wartend in der Zelle,
so irgendwo im Kleingehirn,
drängt mich schon wieder an die Stelle
und klopft von innen an die Stirn.

Er möchte gern die Blonde sehen,
von gestern Abend an der Bar,
man konnte sich so gut verstehen,
sie war ganz einfach wunderbar.

Doch drängen auch die anderen Wünsche,
und jeder will was anderes,
natürlich immer nur das Schönste,
manchmal auch nur was Essbares.

Wie soll man sich dabei noch steuern,
mit diesem Chaos im Gehirn,
Gedanken stündlich sich erneuern,
man sieht die Männer herumirr'n.

Drum höre nicht das Durcheinander,
geh nur noch deiner Planung nach,
sonst bist du täglich noch ein Anderer
und auch noch 24 Stunden wach.

Epilog

Das Geheimnis der roten Schuhe im Lorünser

Ralph Koopmann – der „Elder Statesman" der legendären „Hamburger Nächte"

Von NK.

Wenn es schneite, wurde es heiß. Es gab einmal, hinter den sieben Vorarlberger Bergen, die geheimnisvollste und begehrteste Party des Jahres.

Wenn die Weihnachtsgeschenke ausgepackt waren und die Silvesterraketen im Himmel verglühten, packte man die Ski ein für ein kleines Après-Abenteuer in den Alpen. Der Januar war ein Fluchtmonat.

Aus allen Ecken Deutschlands, Österreichs und der Schweiz kamen sechzig bis siebzig lebenslustige Freunde einer exklusiven Clique in ein kleines, verschneites Dorf am Arlberg. Fast alle waren Single.

Ende der Achtziger noch mit dem Arlberg-Express aus Hamburg bis Langen, dann Umsteigen in den Postbus. Später schwebten die üblichen Verdächtigen individuell ein wie verwirbelte Schneeflocken, heute manchmal auch privat. Ziel der Abenteurer war ein kleines, edles, zauberhaftes Hotel in Zürs – der Wiege des Skisports. 300 Kilometer Abfahrten – und man kann direkt vor der Hoteltür abbremsen.

Man geht zu Fuß oder auf Ski oder fliegt Helikopter. 1720 Meter hoch, am romantischen Ende der Flexenstraße, hinter den sieben Felstunneln. Eingebettet wie ein gemütlicher Adlerhorst. Das „Lorünser" (seit 1927), Haus-Nummer 112.

Allein der Klang des Namens triggert Erinnerungen und macht durstig und wehmütig.

Es war eine Art Babylon im Schnee – das sagen die, die nie dabei waren. Die, die dabei waren, sagen: „Es war wahrscheinlich das unbekümmertste und ausgelassenste Fest des Jahres!" Der, der es am besten wüsste, ist natürlich unser unvergesslicher Ralph Koopmann.

Aber er würde vermutlich auch schweigen wie ein Schweizer Bankier. Er war der Dirigent der „Hamburger Nächte". Er war der Karajan der Lebenslust im Schnee. Er war der „Elder Statesman" dieser Nächte. Er hat hier wohl ein einmaliges Gedicht aus Menschen geschaffen und mit seiner ansteckenden Leidenschaft auch zusammengehalten.

Wer ankommend Glück hatte, sah ihn auf der Sonnenterrasse des Lorünser stehen. Er trug seinen blauen Lieblings-Ski-Anzug mit dem orangenen Lawinentracker um den Hals. Er liebte sein Signature-Outfit, bevor es diese Bezeichnung gab. Am Abend trug er teuflisch heiße rote Partyschuhe. Die Farbe der Liebe. Es war auch ein Treffen der Liebe und der ausgelebten Lebensfreude. Denn das unausgesprochene diskrete Ziel der „Hamburger Nächte" war neben viel Spaß und viel Ski letztendlich auch nächtlich praktizierte Nächstenliebe.

Es wurde auch ein Heiratsmarkt. Mindestens zehn Ehepaare haben sich hier fürs Leben gefunden. Es gab auch Trennungen. Aber es war ein Reigen der Liebe. Jeder kannte irgendwie jede.

Alles begann vor fast 40 Jahren. Es waren die Achtzigerjahre. Berlin war noch von der Mauer umzingelt. Die gesellschaftlichen Pole waren noch Hamburg und München. Und die Münchner Schickeria hatte scheinbar mehr Spaß. Eine kleine Runde junger Hanseaten beschloss, diese Society-Welt zu verändern. Sie waren jung, sie waren Single, sie wollten die Welt erobern, sie wollten Spaß. Also trafen sich die mutigen aufmüpfigen Junggesellen ausgerechnet in München in ihrer Stammkneipe „Gala" – und revolutionierten unser Nachtleben.

Wir alle ziehen unsern Skihelm vor diesen visionären Rittern der hanseatischen Tafelrunde. Es war ein wilder Haufen.

Die erste „Hamburger Nacht" war für Hanseaten schon alpin – sie stieg auf dem Sülberg (74 Meter) in Blankenese. Das war noch recht gesittet. Die Formel: Jeder durfte einladen. Die übereinstimmende Schnittmenge wurde eingeladen.
Kontingent: 300 Freunde. „Mädels" wurden subventioniert.
Kein Verein wurde gegründet. Es genügte „Shakehands".
Alles war Selbstkosten. Da gab's auch schuldige Momente.

Aus dieser doch noch sehr jungen und unreifen Ritterrunde ragte eine natürliche Autorität in den Mittelpunkt: Ralph Koopmann als „Spiritus Rector", als „geistiger Lenker" der unendlichen Nächte.

Man traf sich in seiner Wohnung am Rondell. So begann die Legende der Nächte.

Ewige Erinnerungen.

Das „Transatlantik“-Fest auf der „San Diego“: Dresscode: Kapitän & Crew. Die Party tobte im Frachtraum und die Luke zum Himmel wurde aufgeschoben – und alle tanzten unter den Sternen.

Die „Caribbean Nights“ im Café vom „Planten un Blomen“.
Die „Hollywood Party“ im Alsterpavillon, ausgesprayt in Gold. 30 Stühle flogen aus Freude in die Alster.

Oder das „Amazonen-Rennen“ in der Galopprennbahn Hamburg-Horn. Die Damen brachten ihre Pferde mit: vom Pony bis zum Warmblüter und Vollblüter. Und auf und unter der Tribüne stieg die Party.

Aber die heißesten Nächte sollten doch im schützenden Schnee im Schatten der Alpen gefeiert werden.

Zürs ist ja auch nur 888 Kilometer von Hamburg weg. Home away from home. Und das Lorünser war immer schon ein hanseatischer Ski-Hangout mit Hangover-Garantie. Die wunderbare Hoteliersfamilie Jochum gewährte eine Spezialrate für die verrückten Hamburger. Es war die Nachferienzeit, in der das Hotel nicht so stark gebucht war Seit 30 Jahren ist die Woche ab dem 6. Januar ein Pflichttermin für die Hamburger Seele. Höhepunkt war traditionell die „Nacht der Nächte“: Die Donnerstagsnacht, die zum Freitag wird! Es war immer eine Mottonacht. Aber das Motto wurde erst in Zürs verraten. Improvisation gehört zur Lebenskunst.

Legendär war die römische „Toga-Nacht“ im Sauna & Pool-Spa des Hotels. Die Luft war Nebel. Der Dampf war überall. Die Leichtbekleideten lagen überall. Und der Pool war ein gigantischer Champagnerkübel. Es gab Verwechslungen und Ärger. Amerikanische Gäste waren geschockt vom Hamburger Leben-und-leben-lassen. Zürs und Gomorrha.

Das gab es dann leider auch nicht wieder. Aber es blieb lustig.
„Brehms Tierleben“ brachte die Hirschgeweihe an den Wänden endlich zum Leben. Beim „Ball Paradox“ wurden aus Männern sexy Frauen mit High Heels und umgekehrt. Schmelzende Mozartkugeln wurden zum Busen.
Bei „Five Minutes before and Five Minutes after“ wurden Ehen vollzogen.

Natürlich wurde auch Ski gefahren. Am Anfang gab es sogar Rennen. Es wurde der „Weiße Ring“ gefahren. Es war „ice und heiß“. Aber im Innersten waren die Hamburger Nächte ein Gesamtkunstwerk der geschmiedeten Freundschaften.

Es war auch ein Bäumchen-Wechsle-Dich-Abenteuer. Aber es hatte diese unglaubliche Unbeschwertheit einer wilden Klassenfahrt ohne Oberlehrer. Hier wurden Freundschaften für Leben geschlossen. Es war ein ganz eigener Kosmos, ein bisschen wie eine Lebenslust-Olympiade. Wer dabei war, gehörte zum Club. Dabeisein als Ziel.

Der Morgen gehörte dem Schnee, der Abend gehörte der Liebe zur Nacht. Die schlüpfrigen Menüs des Abendessens wurden immer raffinierter. Es gab

Desserts in Penisform. Vielleicht ein bisschen gewagt für den Holsteiner Landadel. Aber Lachen gehört zum Leben und der Liebe.

Danach ging es immer hinüber in die „Zappelbude“, das war die Kellerdisco des „Edelweiß“-Hotels. Immer exklusiv für die Hamburger. Da stand dann Manni Strolz mit einem riesigen Sektkübel oder mit Sangriatopf und dann ging die Party ab. Das war wild. Und alles war so einfach zu Fuß. Das Bett war ja nur einen Schneeball weit entfernt. Beim Frühstück kamen die letzten aus der Disco. Es war die Freiheit.

Ralph Koopmann hielt diese wunderbare Tradition zusammen. Es wurde Teil seines Lebensinhalts. Der liebenswerte Übervater mit den wippenden roten Partyschuhen. Er verkörperte den liberalen Gastgeber dieser wilden Truppe. Und er stand da wie eine Eins – immer mit seinem Idealgewicht von 78 Kilo. Seine Frau Gaby ließ ihn großzügig schalten und walten.

Corinna Lepach war unvergessen der organisierende Schutzengel.

Das war einmal. Wir wurden alle nicht jünger. Vielleicht hat alles seine Zeit. Und wir sind überall verstreut. Und die Berliner Nächte sind der Magnet der Jugend. Dann kam auch noch Corona.

Aber die Ur-Friends geben Zürs nicht auf. Wir haben immer noch das Lorünser. Die Hamburger Nächte sind eine Lebensphilosophie und ein Zugehörigkeitsgefühl auf ewig.

Als Ralph Koopmann für immer seine Augen schloss, standen seine Freunde und Freundinnen am Grab am Keitumer Friedhof – natürlich auch noch nach einer Partynacht bei Holly Holthausen. Der dichtende Lotse ging von Bord. Die Hamburger Nächte werden bleiben.

Eine der Prinzessinnen dieser Nächte hatte eine wunderbare Idee: „Sollten wir nicht die roten Schuhe von Ralphi einrahmen lassen und sie im Lorünser aufhängen und verewigen?“ Als ewiges Andenken. Irgendwo in der Nähe der Bar. Darauf trinken wir.

Als Trinkspruch im Herzen die alte Hamburger Nächteweisheit: „Wer sich an alles erinnert, der war nicht dabei.“

Die alte Rock 'n' Roll-Regel:
Wer sich an alles erinnern kann, der war nicht dabei!